나만 빼고 다 아는

# 최소한의 초등상식 100

글 최선민

삼성출판사

KB208306

# 저자의 말

안녕, 친구들!

선생님은 어린이의 지식과 상식을 넓혀 주는 걸 좋아하는 자몽쌤, 최선민이라고 해. 오늘도 학교 안팎에서 어린이 친구들에게 우리 주변의 새로운 지식을 전달하고 있지. 선생님이 오랫동안 많은 학생을 만나면서 알게 된 점이 있어. 바로 공부를 좋아하고 똑똑한 친구들은 상식이 풍부하다는 거야. '상식'이란 사람들이 보통 알고 있거나 알아야 하는 지식을 말해. 상식이 많을수록 유식하고 멋진 사람이 될 수 있단다.

"아는 만큼 보인다."라는 말을 들어 본 적이 있니? 수업할 때 내가 아는 이야기나 가 본 곳이 나오면 더 반갑고 재미있을 거야. 배경지식이 있으면 이해가 쏙쏙 되기 때문이지. 그래서 상식이 풍부할수록 같은 것을 배워도 더 잘 이해할 수 있어. 이렇게 상식은 모든 학습의 기초가 되고, 일상생활에서 다른 사람과 소통하는 데에도 큰 도움이 돼. 그래서 선생님은 어떻게 하면 어린이들에게 다양한 상식을 재미있게 알려 줄 수 있을지 고민했단다.

그래서 이번 〈최소한의 초등 상식 100〉에 초등학생이라면 꼭 알아야 할 100가지 상식을 가득 담았어. 이 책을 읽으면 다양한 분야의 흥미로운 이야기를 통해 재미있는 상식들을 많이 알게 될 거야. 그리고 새로운 어휘와 상식 더하기 활동으로 점점 더 똑똑해지는 널 발견할 수 있을 거야! 난센스 퀴즈, 미로 찾기, 상식툰, 초성 퀴즈 등 재미있는 활동도 담았으니 즐겁게 읽기 바랄게. 자, 그럼 지금부터 공부가 재미있어지는 상식의 세계로 풍덩 빠져 보자!

2025년 2월

**최선민 선생님이**

## POINT 1 필수 상식 100개

## POINT 2 상식 • 자연 • 과학 • 사회 • 문화 5가지 카테고리

## POINT3 다양한 활동

# 이 책의 구성과 특징

어린이가 꼭 알아야 할 최소한의 상식을 5개 분야로 나누어 100편의 글로 담았어요. 초등학교 선생님의 다정한 글을 읽고, 어휘 퀴즈와 상식 더하기, 퀴즈 문제도 풀어 보세요. 100개의 상식을 넘어서, 더 알고 싶고 읽고 싶은 어린이로 성장할 거예요.

**다양한 분야**
상식, 자연, 과학, 사회, 문화 등 다양한 내용으로 구성했어요.

**제목만 봐도 읽고 싶은 글**
선생님이 교실에서 못다 한 알찬 이야기들을 쉬운 교과서 단어로 상냥하게 들려줘요.

**어휘 퀴즈**
본문에 나온 핵심 어휘를 한 번 더 확인해요. 빈칸 채우기 퀴즈를 맞히고, 어휘의 뜻도 익혀요.

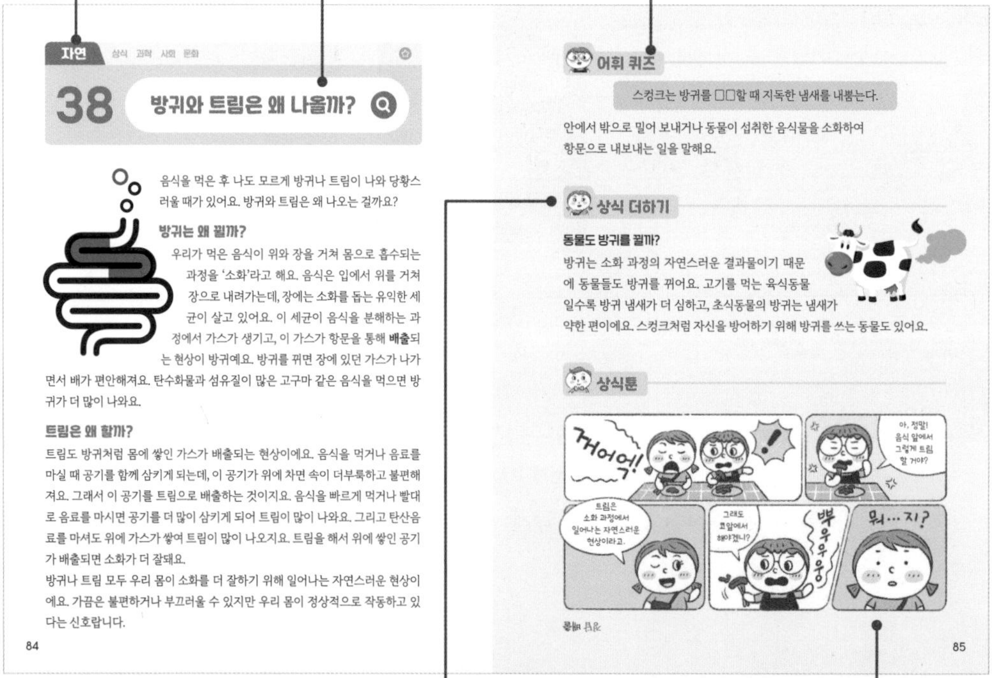
자연 상식 과학 사회 문화

38 방귀와 트림은 왜 나올까?

음식을 먹은 후 나도 모르게 방귀나 트림이 나와 당황스러울 때가 있어요. 방귀와 트림은 왜 나오는 걸까요?

**방귀는 왜 뀔까?**
우리가 먹은 음식이 위와 장을 거쳐 몸으로 흡수되는 과정을 '소화'라고 해요. 음식은 입에서 위를 거쳐 장으로 내려가는데, 장에는 소화를 돕는 유익한 세균이 살고 있어요. 이 세균이 음식을 분해하는 과정에서 가스가 생기고, 이 가스가 항문을 통해 **배출**되는 현상이 방귀예요. 방귀를 뀌면 장에 있던 가스가 나가면서 배가 편안해져요. 탄수화물과 섬유질이 많은 고구마 같은 음식을 먹으면 방귀가 더 많이 나와요.

**트림은 왜 할까?**
트림도 방귀처럼 몸에 쌓인 가스가 배출되는 현상이에요. 음식을 먹거나 음료를 마실 때 공기를 함께 삼키게 되는데, 이 공기가 위에 차면 속이 더부룩하고 불편해져요. 그래서 이 공기를 트림으로 배출하는 것이지요. 음식을 빠르게 먹거나 빨대로 음료를 마시면 공기를 더 많이 삼키게 되어 트림이 많이 나와요. 그리고 탄산음료를 마셔도 위에 가스가 쌓여 트림이 많이 나오지요. 트림을 해서 위에 쌓인 공기가 배출되면 소화가 더 잘돼요.
방귀나 트림 모두 우리 몸이 소화를 더 잘하기 위해 일어나는 자연스러운 현상이에요. 가끔은 불편하거나 부끄러울 수 있지만 우리 몸이 정상적으로 작동하고 있다는 신호랍니다.

84

어휘 퀴즈
스컹크는 방귀를 □□할 때 지독한 냄새를 내뿜는다.
안에서 밖으로 밀어 보내거나 동물이 섭취한 음식물을 소화하여 항문으로 내보내는 일을 말해요.

상식 더하기
**동물도 방귀를 뀔까?**
방귀는 소화 과정의 자연스러운 결과물이기 때문에 동물들도 방귀를 뀌어요. 고기를 먹는 육식동물일수록 방귀 냄새가 더 심하고, 초식동물의 방귀는 냄새가 약한 편이에요. 스컹크처럼 자신을 방어하기 위해 방귀를 쓰는 동물도 있어요.

상식툰


85

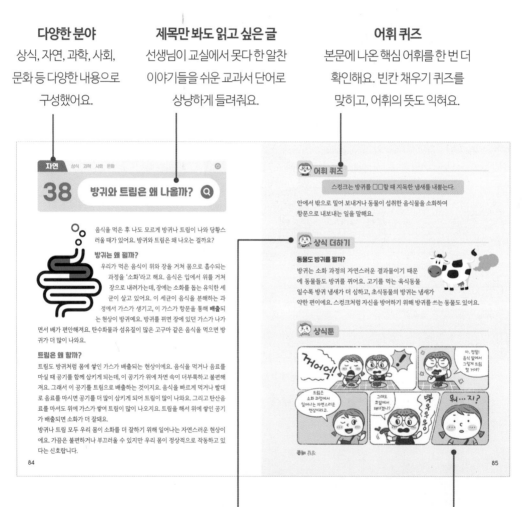

**상식 더하기**
지문에서 확장되는 상식을 들려주어, 어린이들을 더욱 풍부하고 재미있는 지식의 세계로 안내해요.

**재미있는 독후 활동**
상식툰, 난센스 퀴즈, 초성 퀴즈, 상식 퀴즈, 같은·다른 그림찾기, 미로 등 다양한 활동을 하며 상식을 탄탄히 다져요.

# 교과 연계

개정된 과학·사회 교과서의 내용을 연계해 더욱 유용한 상식으로 엮었어요.

교과서에 나오지 않는 흥미로운 최신 상식도 함께 만나 보세요.

교과 연계표 · 과학

| | | |
|---|---|---|
| 동물의 생활 | 24 | 달걀을 품으면 병아리가 태어날까? |
| | 25 | 지렁이는 비가 오면 왜 기어 나올까? |
| | 28 | 상어와 고래는 어떻게 다를까? |
| | 46 | 사막여우와 북극여우의 귀는 왜 다를까? |
| 생물의 한살이 | 26 | 씨 없는 수박은 어떻게 자랄까? |
| | 27 | 하루살이는 정말 하루만 살까? |
| 밤하늘 관찰 | 52 | 오로라는 왜 생길까? |
| | 54 | 달의 모양은 왜 날마다 변할까? |
| | 55 | 인공위성은 무슨 일을 할까? |
| | 56 | 블랙홀이란 무엇일까? |
| | 57 | 우주에도 쓰레기가 있다고? |
| | 59 | 달로 이사 갈 수 있을까? |
| 생물과 환경 | 07 | 세상에서 가장 큰 동물은? |
| | 08 | 세상에서 가장 똑똑한 동물은? |
| | 21 | 꿀벌이 멸종하면 인간도 멸종한다? |
| | 22 | 아보카도가 환경 파괴범? |
| | 23 | 육류 소비도 문제다! |
| 여러 가지 기체 | 49 | 과자 봉지에 왜 질소를 넣을까? |
| | 50 | 헬륨 가스를 마시면 왜 목소리가 바뀔까? |
| 기후변화와 우리 생활 | 30 | 점점 사라지는 나라가 있다? |
| 빛의 성질 | 45 | 무지개는 왜 일곱 색일까? |
| | 60 | 물은 투명한데 바닷물이 파란 이유는? |
| 우리 몸의 구조와 기능 | 33 | 지문은 정말 다 다를까? |
| | 34 | 감기 걸리면 왜 열이 날까? |
| | 35 | 사람의 피는 왜 빨간색일까? |
| | 36 | 좋아하는 사람을 보면 왜 심장이 뛸까? |
| | 37 | 코가 막히면 왜 맛을 못느낄까? |
| | 38 | 방귀와 트림은 왜 나올까? |
| | 39 | 예방주사를 맞으면 병에 걸리지 않을까? |
| | 40 | 비행기를 타면 왜 귀가 먹먹해질까? |
| 다양한 생물과 우리 생활 | 29 | 버섯은 식물이 아니라고? |
| 자원과 에너지 | 31 | 물티슈가 플라스틱이라고? |
| | 32 | 재활용이 안 되는 플라스틱이 있다고? |
| 날씨와 우리 생활 | 41 | 태풍의 이름은 어떻게 지을까? |
| | 42 | 구름은 어떻게 하늘에 떠 있을까? |
| | 43 | 눈은 왜 흰색일까? |
| | 44 | 번개가 친 다음에 천둥이 치는 이유는? |
| | 48 | 차가운 컵에는 왜 물방울이 맺힐까? |
| 지구와 달의 운동 | 47 | 2월은 왜 4년에 한 번 29일까지 있을까? |
| | 53 | 계절마다 별자리가 달라지는 이유는? |
| 과학과 나의 진로 | 03 | 세계 최초의 우주인은? |
| | 09 | 세계 최초의 로봇은? |
| | 51 | AI가 만든 그림의 저작권은 누구에게 있을까? |
| | 58 | AI와 친구가 될 수 있을까? |

210

교과 연계표 · 사회

| | | |
|---|---|---|
| 옛날과 오늘날의 생활 모습 | 05 | 세계 최초의 자동차는? |
| | 14 | 세계 최초로 세계 일주를 한 사람은? |
| | 15 | 세계 최초의 책은? |
| 우리 지역의 문화 유산 | 83 | 오페라와 뮤지컬, 어떻게 다를까? |
| 유적과 유물로 살펴본 옛 사람들의 생활 | 82 | 대영박물관이 무료인 이유는? |
| | 92 | 인류의 소중한 유산, 함께 지켜요 |
| 경제 활동과 지역 간 교류 | 79 | 팝업 스토어란 무엇일까? |
| | 80 | 사람들이 해외 직구를 하는 이유는? |
| | 86 | 빌보드 차트란 무엇일까? |
| | 95 | 우리나라 말고 한글을 쓰는 나라가 있다고? |
| | 96 | 운동선수들이 높은 연봉을 받는 이유는 무엇일까? |
| | 97 | 블록버스터 영화란? |
| 다양한 환경과 삶의 모습 | 04 | 세계에서 가장 높은 빌딩은? |
| | 13 | 세계에서 가장 비싼 음식은? |
| | 69 | 여름에 시간이 바뀐다고? |
| | 72 | 디지털 노마드의 시대, 내가 있는 곳이 곧 일터! |
| 법과 인권의 보장 | 76 | 인터넷에서 나쁜 말을 하면 경찰에 잡혀갈까? |
| | 77 | 가짜 뉴스란 뭘까? |
| 달라지는 시대, 변화하는 생활 모습 | 75 | 우리 학교가 없어진다고? |
| | 78 | 사라지는 직업 vs 새로 생긴 직업 |
| | 81 | 여자는 마라톤을 뛰지 못했다고? |
| | 93 | 성장하는 아이돌 굿즈 시장 |
| | 94 | 아이들은 SNS를 못 할까? |
| | 99 | 종이책에서 전자책, 오디오 북으로 |
| | 100 | 영화관이 사라진다고? |
| 세계의 자연환경 | 01 | 세계에서 가장 긴 강은 어디? |
| | 02 | 세계에서 가장 작은 나라는? |
| | 06 | 세계에서 가장 오래된 나무는? |
| | 11 | 세상에서 가장 높은 산은? |
| | 12 | 상에서 가장 깊은 바다는? |
| 시장경제와 국가 간 거래 | 61 | 전쟁이 나면 왜 금 값이 오를까? |
| | 62 | 물가는 왜 해마다 오를까? |
| | 64 | 은행에 맡긴 돈은 안전할까? |
| | 65 | 잘사는 나라를 구분하는 기준은? |
| | 67 | 비트코인이 뭘까? |
| | 70 | 신용카드의 원리는 무엇일까? |
| | 71 | 경제를 움직이는 손이 있다고? |
| | 73 | 우리나라 돈과 다른 나라 돈의 가치가 같을까? |
| | 74 | 용돈으로 주식을 살까, 예금을 할까? |
| 지구촌 사람들 | 10 | 세계에서 가장 많이 쓰이는 언어는? |
| | 16 | 세계 최초의 올림픽은? |
| | 17 | 세계에서 가장 비싼 그림은? |
| | 18 | 세계 최고의 부자는? |
| | 19 | 세계에서 가장 행복한 나라는? |
| | 20 | 세계 최고의 부자 나라는? |
| | 63 | UN(유엔)에서는 어떤 일을 할까? |

211

# 캐릭터 소개

상식툰에서 우리 어린이들에게 즐거움을 선사할 캐릭터를 소개해요.

**똘망이**

호기심 많고 똑똑한 3학년 남자 어린이. 가끔 엉뚱한 행동으로 즐거움을 줘요.

**뚱땅이**

얼렁뚱땅 빈틈이 많은 3학년 여자 어린이. 귀엽고 기발한 행동이 사랑스러워요.

**쌤**

두 친구에게 아낌없이 도움말을 해 주시는 선생님. 친구들 모두에게 인기가 많아요.

# 차례

## 상식 | 세계 최고 · 세계 최초



## 자연 | 동식물 · 사람 · 환경

## 과학 | 과학 · IT · 우주

## 사회 | 경제·사회·국제

## 문화 | 예술·스포츠

상식 자연 과학 사회 문화

# 01 세계에서 가장 긴 강은 어디?

강의 길이는 어떻게 재는지, 강의 시작을 어디로 보는지에 따라 조금씩 달라져요. 하지만 보통 1위는 나일강, 2위는 아마존강으로 알려져 있어요.

## 세계에서 가장 긴 강

나일강은 이집트, 수단 등 아프리카 대륙을 흐르는 강이에요. 길이가 무려 7,000km에 가깝지요. 우리나라 남북한을 모두 합친 길이보다 6배나 길어요. 나일강은 예로부터 다양한 동식물이 살아갈 수 있는 소중한 물줄기였어요. 사람들은 나일강 주변에서 농사를 지었고, 나일강을 이동 수단으로 이용하기도 했지요. 이집트 문명은 나일강 덕분에 발전할 수 있었어요.

## 세계에서 가장 큰 강

두 번째로 긴 아마존강도 나일강과 길이가 거의 비슷해요. 아마존강은 브라질, 페루 등 남아메리카 대륙을 흐르는 강이에요. 길이는 나일강보다 조금 짧지만 강폭은 넓어 세계에서 가장 큰 강이라 하지요. 아마존은 세계 최대 규모의 열대우림 지역이기도 해요. 이 지역의 나무들은 이산화탄소를 흡수하고, 깨끗한 산소를 내뿜는 중요한 역할을 해요. 그래서 아마존을 '지구의 **허파**'라고 부르기도 해요. 아마존이 파괴되면 지구의 환경에도 큰 영향을 끼치게 되지요.

## 어휘 퀴즈

너 □□에 바람 들었니?

이유 없이 실실 웃는 사람에게 쓰는 말이에요.

이것은 육상동물의 호흡기관으로, '폐'라고도 해요.

## 상식 더하기

**'아마존'에서 물건을 샀다고?**

미국의 온라인 쇼핑몰 회사 중 '아마존'이라는 회사가 있어요. 아마존은 도서, 의류, 식품, 가전제품 등 다양한 물건을 파는 플랫폼이지요. 이 회사의 창업자인 제프 베이조스는 세계에서 가장 큰 강인 아마존강처럼 큰 회사가 되기 바라는 마음으로 회사 이름을 '아마존'으로 지었다고 해요. 그의 바람대로 아마존은 세계 최대의 온라인 쇼핑몰로 성장했어요.

## 난센스 퀴즈

아마존에 살고 있는 사람의 이름은?

정답 허파 | 아마…존(John)?

# 02 세계에서 가장 작은 나라는?

에버랜드보다 작은 나라가 있다는 것을 아나요? 세계에서 가장 작은 나라인 '바티칸 시국'은 면적이 겨우 440,000㎡밖에 되지 않고 인구도 700명대예요. 바티칸 시국은 이탈리아의 수도 로마 안에 있지만 이탈리아와는 구분되는 어엿한 독립 국가이지요.

## 바티칸 시국의 의미

바티칸 시국에서 '시국'은 하나의 시(市)만으로 이루어진 국가라는 뜻이에요. 이렇게 작은 나라가 특별한 데는 이유가 있어요. 전 세계 10억 가톨릭 신자의 최고 목자인 교황의 **거처**, 교황청이 있기 때문이지요. 바티칸 시국은 전 세계 가톨릭의 중심 역할을 해요. 그래서 나라는 작지만 국제 사회에 영향력이 있고, 세계적으로 평화와 인권을 보호하는 데 중요한 일을 하고 있어요. 교황청은 독립된 국가인 바티칸 시국으로 인정되어 모든 세속적인 권력으로부터 완전한 자유를 보장받고 있지요.

## 바티칸 시국의 볼거리

바티칸 시국은 문화적, 역사적으로도 많은 보물을 가지고 있어요. 특히 미켈란젤로가 그린 시스티나 성당의 천장화는 정말 유명하지요. 또한 성베드로 대성당과 바티칸 박물관처럼 역사적, 종교적 의미를 갖는 건물들이 이곳에 있어요. 국토 전체가 유네스코 세계 문화유산으로 지정되었지요. 이 때문에 많은 사람들이 관광을 위해 바티칸 시국을 찾아요.

## 어휘 퀴즈

우리 할아버지께서는 퇴직 후 시골로 □□를 옮기셨다.

일정하게 자리를 잡고 사는 일, 또는 그 장소를 뜻해요.

## 상식 더하기

**두 번째로 작은 나라는 어디일까?**

세계에서 두 번째로 작은 나라는 프랑스 옆에 있는 '모나코'예요. 우리나라 여의도보다도 작고, 전체 인구가 4만 명 정도밖에 되지 않는 작은 나라지요. 서울 인구가 1천만 명인 것을 생각하면 모나코는 참 작은 나라예요. 하지만 1인당 국민소득이 아주 높은 부유한 나라랍니다.

## 상식툰

정답 거처

# 03 세계 최초의 우주인은?

과학기술의 발전으로 비행기로 어느 나라든 갈 수 있는 시대가 되었어요. 머지않은 미래에는 우주로 여행을 가는 날이 올 수도 있어요. 그렇다면 세계 최초로 우주에 간 사람은 누구일까요?

## 인류의 우주 탐험

인류의 우주 탐험에 대해 알아보려면 1950년대의 상황을 빼놓고 말할 수 없어요. 1950년대는 미국과 소련(지금의 러시아)이 주도권 다툼을 하던 냉전 시대였어요. 두 나라는 서로의 힘을 과시하기 위해 장거리 로켓 발사를 연구하고 우주로 로켓을 쏘아 보냈어요. 먼저 소련이 1957년 세계 최초의 인공위성 스푸트니크 1호를 쏘아 올렸지요. 또 '라이카'라는 개를 태운 스푸트니크 2호 발사에도 성공했어요.

## 인류, 우주에 나가다

1961년, 소련은 세계 최초로 사람을 우주에 보내는 데 성공해요. 바로 '유리 가가린'이었어요. 유리 가가린은 보스토크 1호를 타고 지구를 한 바퀴 도는 데 성공했어요. 우주선에 사람을 태워 보낸 것은 목숨을 건 도전이었어요. 무사히 살아서 **귀환**한 유리 가가린은 소련의 영웅이 되었지요. 한편 소련의 성공에 자극을 받은 미국은 아폴로 계획을 통해 세계 최초로 달에 착륙하는 데 성공해요. 1969년, 닐 암스트롱은 인류 최초로 달에 발을 디딘 사람으로 기록되었어요.

## 어휘 퀴즈

전쟁에 참여했던 군인들이 무사히 □□했다.

다른 곳으로 떠나 있던 사람이 본래 있던 곳으로 돌아오는 것을 말해요.

## 상식 더하기

**요즘도 사람이 달에 갈 수 있을까?**

냉전 체제가 완화되면서, 인류는 1972년 아폴로 17호를 마지막으로 사람을 달에 보내지 않았어요. 그런데 최근 미국에서 다시 달에 사람을 보낼 준비를 하고 있어요. 바로 미국 항공우주국(NASA)에서 추진하는 '아르테미스 계획'이지요. 그리스 신화에서 아르테미스는 아폴로의 쌍둥이 남매로 달의 여신을 말해요. 이름에 걸맞게 아르테미스 계획에서는 여성 우주인을 달에 착륙시킬 예정이에요.

## 상식 퀴즈

우리나라 최초의 달 탐사선 이름은?
이 달 탐사선은 2022년 8월에 발사되어
2025년 12월까지 달 궤도를
돌며 달 탐사 업무를 수행해요.

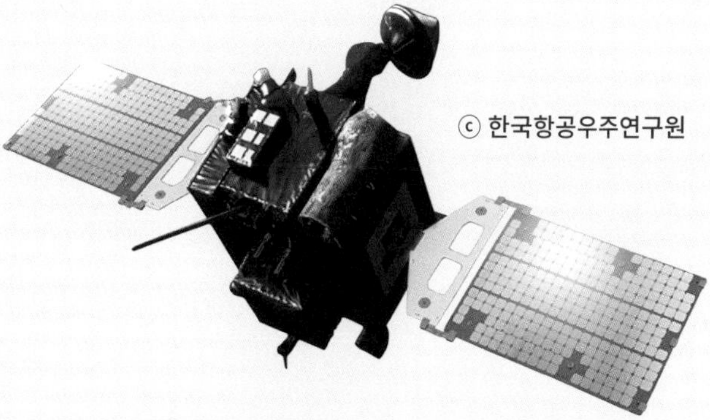
ⓒ 한국항공우주연구원

정답 귀환 | 다누리

# 04 세계에서 가장 높은 빌딩은?

우리나라에서 가장 높은 빌딩은 서울에 위치한 롯데월드타워예요. 롯데월드타워는 123층 건물로 높이는 555m지요. 그렇다면 세계에서 가장 높은 빌딩은 무엇일까요?

## 사막 한가운데에 우뚝 선 세계 최고의 빌딩

세계에서 가장 높은 빌딩은 아랍에미리트의 두바이에 있어요. 두바이는 사막 한가운데에 있지만 현대적인 건물들이 많아요. 그중에서도 단연 눈에 띄는 건물은 '부르즈 할리파'예요. 부르즈 할리파의 높이는 무려 828m로 기네스에 기록된 가장 높은 건물이지요. 2011년에는 프랑스의 유명 건물 등반가 알랭 로베르가 부르즈 할리파 건물을 등반했는데, 무려 6시간이 걸렸어요.

## 세계 최고의 빌딩을 지은 우리나라

부르즈 할리파는 우리나라와도 인연이 있어요. 우리나라의 삼성물산이 부르즈 할리파 건축에 참여했지요. 우리나라의 건축 기술은 세계 최고 수준이에요. 세계에서 두 번째로 높은 건축물인 말레이시아 메르데카 118(679m)도 삼성물산이 건축했어요. 싱가포르의 상징인 마리나베이 샌즈 호텔은 쌍용건설이 **시공**했고, 마카오의 랜드마크인 마카오 타워는 현대건설이 시공에 참여했어요.

## 어휘 퀴즈

우리 학교는 방학 동안 새 체육관을 □□할 예정이다.

공사를 시행하는 것을 말해요.

## 상식 더하기

**마천루란?**

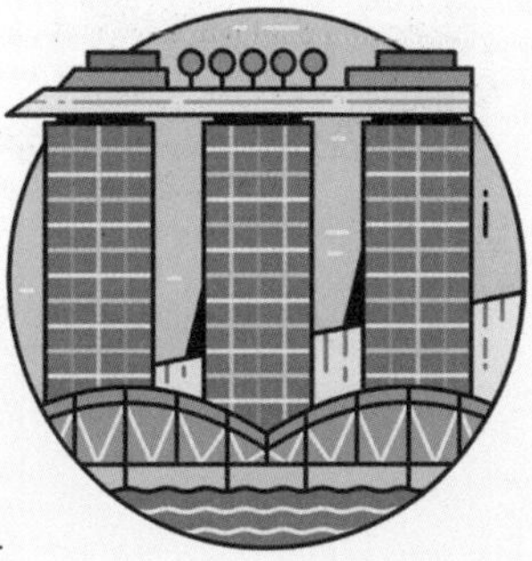

‘마천루(摩天樓)’란 하늘을 찌를 듯이 솟은 아주 높은 고층 건물을 말해요. ‘하늘(天)을 문지르는(摩) 다락(樓)’이라는 뜻으로, 건물이 매우 높아서 하늘에 닿을 듯하다는 의미라고도 해요. 선박의 가장 높은 망루를 뜻하는 단어에서 비롯되었어요. 단순한 탑이나 기둥은 아무리 높아도 마천루에 포함하지 않고, 사람들의 생활 공간이 있는 빌딩을 뜻한답니다.

## 초성 퀴즈

옛 이집트 왕의 무덤으로 고대 건축물 중에 가장 높은 이것은?
이 중에서 가장 높은 것은 쿠푸왕의 무덤으로 알려진
기자 ㅍㄹㅁㄷ 로 약 140m예요.

정답 시공 | 피라미드

# 05 세계 최초의 자동차는?

요즘 주말에는 자동차를 타고 친척 집을 방문하거나 여행을 하는 것이 흔한 일이지요. 하지만 한때는 자동차를 집집마다 갖는다는 것은 상상 속 이야기였어요. 먼 길을 이동하는 수단으로 말과 마차가 있었지만 비용이 많이 들어서 보통 사람들이 이용하기는 어려웠거든요.

## 현대식 자동차의 발명

1800년대 후반 독일의 칼 벤츠는 말 없이 달리는 마차를 만들겠다는 꿈을 가지고 자동차를 개발했어요. 이전의 증기자동차와는 달리, 기름을 넣어 달리는 가솔린 엔진이 달린 자동차였어요. 그리고 '특허 자동차'라는 뜻의 '페이턴트 모터바겐'을 만들어 냈지요. 처음 이 차가 만들어졌을 때 바퀴는 4개가 아닌 3개였고, 최고 속도는 시속 16km였대요. 요즘 자동차의 최대 시속이 160km가 넘는 것을 생각하면 귀여운 속도지요.

## 자동차의 발전

처음에 만들어진 자동차는 느리고 가격은 비쌌어요. 하지만 벤츠를 포함한 많은 회사들이 자동차를 연구하며 속도와 기능을 발전시켜 나갔어요. 미국의 발명가 헨리 포드는 자동차를 대량 생산하는 방법을 개발하여 가격을 획기적으로 낮추기도 했지요. 이러한 노력 덕분에 우리는 지금의 자동차를 이용할 수 있게 되었어요. 이제 많은 회사들이 자동차를 만들지만 처음 자동차를 만든 '벤츠'는 아직까지 자동차의 **대명사**로 불리고 있어요.

## 어휘 퀴즈

김치와 비빔밥은 한국 음식의 □□□다.

어떤 속성을 대표적으로 나타내는 것을 비유적으로 이르는 말이에요.

## 상식 더하기

**세계 최초의 비행기는?**

세계 최초의 비행기는 라이트 형제가 만든 '플라이어 1호'예요. 플라이어 1호는 1903년 12월 17일 미국에서 첫 비행에 성공했어요. 이 비행기는 오빌 라이트가 조종하였으며, 12초 동안 약 37m를 비행했어요.

이 비행은 인류 역사상 최초로 비행에 성공한 사례로 기록되고 있어요.

## 난센스 퀴즈

자동차 열쇠의 색깔은?

정답 대명사 | 카키색(car key)

# 06 세계에서 가장 오래된 나무는?

나무의 나이는 어떻게 알 수 있을까요? 가장 잘 알려져 있는 방법은 나이테를 확인하는 것이에요. 하지만 나이테를 확인하려면 나무를 잘라야만 알 수 있어요. 그래서 과학자들은 생장추라는 도구를 나무 중심에 찔러 넣는 방식으로 나무의 나이를 측정해요.

## 우리나라 역사보다 더 오래된 나무

1957년 미국 애리조나 대학의 에드먼드 슐먼은 생장추를 이용해 나무의 나이를 측정하다가 세계에서 가장 오래된 나무를 발견했어요. 이 나무는 미국 캘리포니아 인요 국유림에 있는 브리슬콘 소나무로, 무려 4,900년 가까이 된 나무였어요. 우리나라 역사보다 더 오래된 나무인 것이죠. 슐먼은 이 나무에 '므두셀라'라는 이름을 붙여 주었어요. 므두셀라는 성경에서 969살까지 산 것으로 기록된 인물이지요. 미국 산림청은 므두셀라를 안전하게 보호하기 위해 정확한 위치와 모습을 공개하지 않고 있어요. 나무의 **훼손**을 막는 것이지요. 브리슬콘 소나무는 다 자란 후에는 100년에 고작 3cm 정도만 굵어지기 때문에, 다른 나무와 눈에 띄게 구분되지 않는다고 해요.

## 우리나라에서 가장 오래된 나무

우리나라에서 가장 오래된 나무는 강원도 정선군에 있는 두위봉 주목이에요. 주목 세 그루가 나란히 있는데 가장 오래된 나무는 약 1,400년 정도 된 것으로 추정된대요. 이 나무들은 천연기념물 제433호로 지정되어 보호받고 있어요.

## 어휘 퀴즈

자연환경을 □□하면 그 피해는 우리에게 돌아온다.

체면이나 명예를 손상하는 것, 또는 헐거나 깨뜨려 못 쓰게 만드는 것을 말해요.

## 상식 더하기

**세계에서 가장 키가 큰 나무는 어디에 있을까?**

세계에서 가장 키가 큰 나무는 미국 캘리포니아의 세쿼이아 국립공원에 있는 '제너럴 셔먼 트리'로 키가 무려 84m, 둘레가 32m라고 해요. 이 나무도 2,700년이나 되었다고 해요.

## 상식툰

정답 훼손

# 07 세상에서 가장 큰 동물은?

동물들 중 가장 큰 동물은 고래예요. 고래 중에서도 가장 큰 종은 대왕고래라고도 불리는 흰수염고래지요. 흰수염고래는 몸길이가 평균 25~30m에 달하고 몸무게는 약 100~150톤에 달해요. 30m가 얼마나 큰지 상상하기 어렵다면 아파트 10층 정도의 높이를 생각하면 돼요. 갓 태어난 새끼 고래도 7m나 되지요.

## 흰수염고래의 특징

흰수염고래는 영어로 블루웨일(Blue whale)이라 불려요. 우리말로 '흰'수염고래인데, 영어로는 파란색을 나타내는 '블루' 웨일로 불리는 것이 신기하지요? 흰수염고래가 턱 부분은 흰색이고 몸통은 푸른빛이 도는 검은색이기 때문이에요. 우리나라에서는 흰 턱 부분이 수염 같다고 흰수염고래라고 하지만 외국에서는 고래의 몸통이 바닷속에서 푸르게 보인다고 하여 블루웨일이라고 부르는 것이죠. 흰수염고래는 덩치는 크지만 플랑크톤같이 아주 작은 생물을 먹고 살아요. 하루에 무려 4톤 정도의 플랑크톤을 먹지요.

## 멸종 위기종 흰수염고래

흰수염고래는 크기가 매우 커 천적이 거의 없지만, 무분별한 포획으로 **멸종** 위기종으로 지정됐어요. 고래기름을 기계 윤활유로 쓰거나 뼈로 코르셋 등을 만들기도 했지요. 지금은 전 세계적으로 고래를 지키기 위해 노력하고 있답니다. 얼마 남지 않은 흰수염고래들을 보호해야 해요.

## 어휘 퀴즈

지구상에서 공룡이 □□된 원인은 아직 정확히 밝혀지지 않았다.

생물의 한 종류가 아주 없어지는 것을 말해요.

## 상식 더하기

육지에 사는 포유류 중 가장 큰 동물은 몸길이 6~7m, 몸무게 6~7톤에 이르는 아프리카코끼리예요. 아프리카코끼리 역시 코끼리의 어금니인 상아를 얻기 위한 불법 포획으로 멸종 위기에 놓여 있어요.

**세상에서 가장 큰 동물들**

| | | |
|---|---|---|
| 세상에서 가장 큰 파충류 | 바다악어 | 약 6~7m |
| 세상에서 가장 큰 무척추동물 | 대왕오징어 | 최대 크기 약 20m |
| 세상에서 가장 큰 새 | 타조 | 최대 크기 약 2.4m |
| 세상에서 가장 큰 곤충 | 긴 대벌레 | 몸길이 약 30cm |

## 난센스 퀴즈

곰이 사과를 먹는 방법은?

정답 멸종 | 베어(bear) 먹는다.

# 08 세상에서 가장 똑똑한 동물은?

포유류는 대부분 네 발로 걸어 다녀요. 하지만 침팬지, 오랑우탄, 고릴라 등의 일부 포유류는 사람과 같이 두 발로 직립 보행을 할 수 있고, 손가락과 발가락으로 물건을 쥘 수 있어요. 이렇게 사람과 닮은 모양을 하고 꼬리도 없는 동물을 '유인원'이라고 부르지요.

## 인간과 꼭 닮은 침팬지

유인원 중에서도 오랑우탄은 인간과 DNA를 97% 공유하고, 침팬지는 98% 공유한다고 해요. 유전자만 비슷한 것이 아니라, 인간처럼 도구를 사용할 수 있어서 나뭇가지로 벌레를 꺼내 먹거나, 돌로 열매를 깨뜨리기도 해요. 또한 꽤 정교한 의사소통을 할 수 있어요. 기쁨, 슬픔, 분노 등의 다양한 감정을 표정과 몸짓으로 나타낼 수 있고, 서로 위로하거나 장난을 치기도 하지요. 연구에 따르면 침팬지의 순간 기억력이 사람을 **능가**할 때도 있대요.

## 켈로그 부부의 침팬지 양육 실험

1931년 미국의 심리학자 켈로그 부부는 자신의 아기와 새끼 침팬지를 9개월 동안 같이 키우며, 유인원을 사람처럼 키우면 어떤 일이 벌어질지 연구한 적이 있어요. 이 실험에서 새끼 침팬지는 아기보다 빠른 학습 능력을 보였어요. 말을 하지는 못했지만 대소변을 먼저 가리고, 부모의 말도 더 잘 들었다고 해요. 그런데 아기는 오히려 또래보다 발달이 늦어지는 문제가 생겼고, 실험은 종료되었어요. 실험은 중단되었지만 침팬지의 학습 능력이 우수하다는 것이 증명되었지요.

## 어휘 퀴즈

우리 팀의 실력이 상대 팀을 □□했다.

능력이나 수준 따위가 비교 대상을 훨씬 넘어서는 것을 말해요.

## 상식 더하기

**침팬지의 어머니 제인 구달**

1960년대 제인 구달은 탄자니아에서 10여 년을 머물며 침팬지를 연구했어요. 그리고 침팬지가 육식을 하고 도구를 사용한다는 사실을 밝혀냈지요. 그때까지만 해도 도구 사용은 인간만이 가진 능력이라고 생각했기 때문에 제인 구달의 발견은 매우 놀라웠어요. 제인 구달은 현재 침팬지를 포함한 전 세계 동물 보호 운동에 앞장서고 있답니다.

## OX 퀴즈

이번 글을 읽고 알게 된 내용입니다. 사실인 것에 ○, 사실이 아닌 것에 × 하세요.

1. 침팬지, 오랑우탄, 고릴라와 같은 동물을 유인원이라고 해요. □
2. 침팬지는 똑똑하지만 도구를 사용하지는 못해요. □
3. 침팬지도 장난을 치거나 서로 위로할 수 있어요. □

정답 우월 | O, X, O

# 09 세계 최초의 로봇은?

요즘은 일상생활 속에서 로봇 청소기나 서빙 로봇 등 많은 로봇을 만날 수 있어요. 이렇게 사람의 일을 도울 수 있고 자동으로 움직이는 기계를 **통틀어** '로봇'이라고 해요.

## 로봇이라는 이름의 등장

로봇이라는 용어는 1920년 체코의 극작가 카렐 차페크가 '로섬의 만능 로봇'이라는 희곡에서 처음 사용한 것으로 전해져요. 로봇은 체코어로 '고된 일'이라는 뜻인 '로보타'에서 따왔어요. 이후 미국의 SF 소설가 아이작 아시모프는 로봇과 관련된 소설을 써서 폭발적인 인기를 누렸어요. 그가 만든 '로보틱스'라는 단어는 아직까지 로봇공학이라는 뜻으로 사용되고 있지요.

## 인형에서 산업용 로봇으로

그렇다면 상상이 아닌 역사상 최초의 로봇은 무엇일까요? 로봇에 대한 최초의 기록은 이탈리아의 미술가이자 과학자 레오나르도 다빈치의 노트에서 발견되었어요. 기사 모양의 인형 설계도였는데, 나중에 그대로 만들어 보니 자동으로 움직이는 로봇이었던 것이지요. 프랑스의 기술자 자크 드 보캉송이 오리 모양의 자동인형을 제작했다는 기록도 있어요. 인간에게 정말 도움을 주는 산업용 로봇은 1960년대 미국의 조지 데벌이 개발한 유니메이트라고 할 수 있어요. 유니메이트는 자동차 부품을 옮기거나 용접하는 일을 맡았어요. 산업용 로봇의 발달로 공장이 자동화되어 생산성이 대폭 높아졌지요. 단순 노동에 참여하던 로봇들은 최근 기술력과 AI의 발전으로 빠르게 변화하고 있어요.

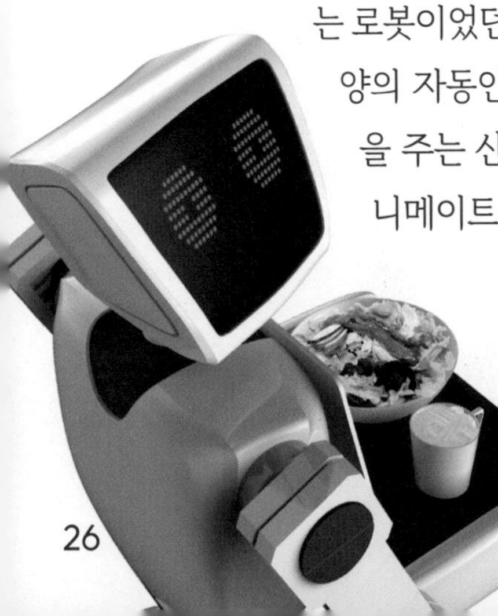

## 어휘 퀴즈

젖을 먹여 새끼를 키우는 동물들을 □□□ 포유류라고 한다.

있는 대로 모두 합한 것을 말해요.

## 상식 더하기

**사람을 닮은 로봇이 온다!**

‘휴머노이드 로봇’은 인간의 신체 형태를 닮은 로봇을 말해요. 인간처럼 두 다리로 걷고 팔과 손도 인간처럼 움직이는 로봇이지요. 최근에는 사람처럼 대화할 수 있고 얼굴 표정까지 사람처럼 지을 수 있는 로봇 아메카(Ameca)가 공개되어 우리를 놀라게 했어요.

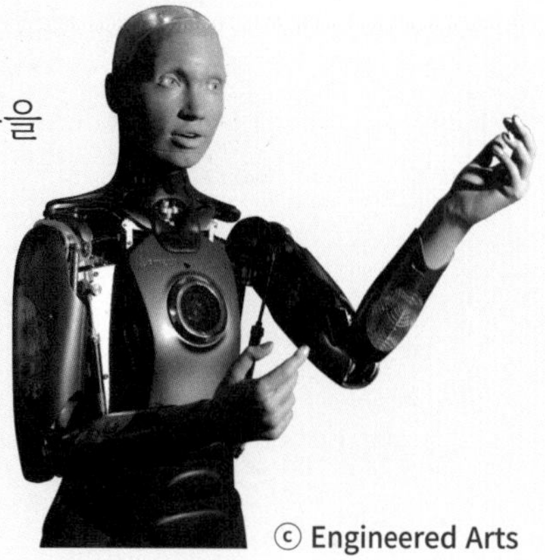

ⓒ Engineered Arts

## 난센스 퀴즈

로봇이 좋아하는 음식은?

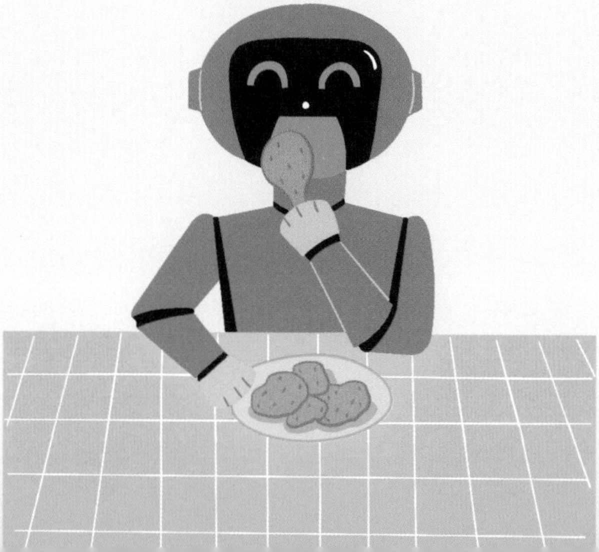

정답 통틀어 | 움~ 치킨

# 10 세계에서 가장 많이 쓰이는 언어는?

세계에 다양한 문화가 있는 것처럼 언어도 아주 다양해요.

## 세계의 다양한 언어

지구에는 약 200개 정도의 나라가 있는데 사람들이 사용하는 언어는 무려 7,000개가 넘어요. 소수 민족들이 자신들만의 언어를 사용하기 때문이지요. 파푸아뉴기니에서는 무려 840개의 언어를 사용하고 있다고 해요. 공용어는 영어, 피진어, 모투어 세 가지지만 소수 민족들마다 제각각의 언어를 사용한대요. 인도네시아 역시 공용어는 인도네시아어 한 가지인데 538개의 지방어가 있다고 해요.

## 많이 쓰이는 언어

세계에서 가장 많은 사람들이 사용하는 언어 1위는 중국어로 약 10억 명이 사용하고 있어요. 중국 인구가 14억 명이 넘기 때문에 중국어가 1위를 차지하는 것은 당연하지요. 2위는 스페인어예요. 스페인어는 약 4억 명이 넘는 사람들이 사용하고 있어요. 스페인은 한때 여러 **식민지**를 가지고 있었어요. 그래서 아직까지 스페인어를 사용하는 나라들이 많아요. 3위는 약 3억 명이 사용하는 영어예요. 영어가 모국어는 아니지만 영어를 사용하는 사람의 수는 15억 명이 넘는다고 해요. 국제 공용어로서의 지위를 가지고 있어 실질적인 1위나 다름없어요.

## 어휘 퀴즈

일제의 강압에 의해 우리나라는 일제의 □□□가 되었다.

정치적, 경제적으로 다른 나라에 속하여 국가로서 주권을 상실한 나라를 말해요.

## 상식 더하기

**공식 언어가 여러 개라고?**

우리나라는 공용어가 한국어 하나지만 공용어가 여러 개인 나라들도 많아요. 스위스는 독일어, 프랑스어, 이탈리아어, 로만슈어를 공용어로 지정하고 있고, 필리핀은 타갈로그어와 영어를 공용어로 지정하고 있지요. 볼리비아는 세계에서 공용어가 가장 많은 나라로, 무려 37개나 된다고 해요.

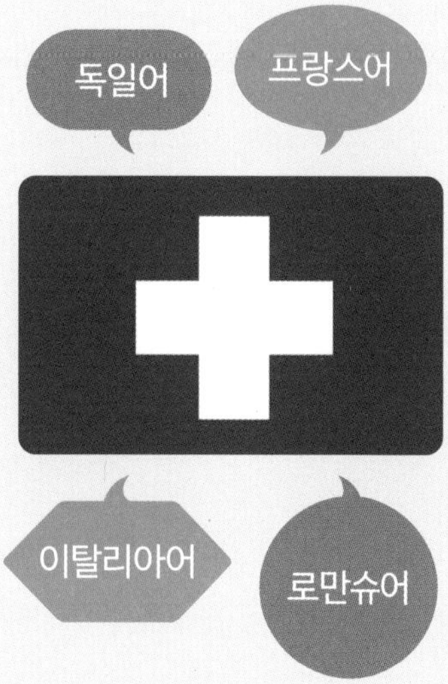


## OX 퀴즈

이번 글을 읽고 알게 된 내용입니다. 사실인 것에 ○, 사실이 아닌 것에 × 하세요.

1. 스페인어를 사용하는 나라가 많은 이유는 스페인의 식민지였던 나라가 많기 때문이다. ☐
2. 지구상의 나라 개수와 언어의 개수는 같다. ☐
3. 모국어로 가장 많은 사람들이 사용하는 언어는 영어다. ☐

정답 식민지 | O, X, X

# 11 세상에서 가장 높은 산은?

우리나라는 국토의 약 70%가 산으로 둘러싸여 있어 어디서든 산을 볼 수 있어요. 동네의 **야트막한** 뒷산도 있지만 사람이 올라가기 어려운 아주 높은 산들도 있어요.

## 에베레스트산의 특징

세상에서 가장 높은 산은 네팔과 티베트에 걸쳐 있는 '에베레스트산'이에요. 높이가 해발 약 8,900m에 이르러요. 세계에서 가장 높은 건축물인 부르즈 할리파가 828m인 것을 생각하면 그 10배가 넘는 엄청난 높이지요. 에베레스트산은 정상으로 올라가면 기온이 -30°C 전후로 매우 낮고, 산소도 부족해요. 또한 1년 내내 녹지 않는 만년설로 뒤덮여 있어 산을 오르는 것은 매우 어렵고 위험해요.

## 세상에서 가장 높은 산에 도전하는 사람들

전 세계 수많은 산악인들이 세계 최고의 산에 오르고 싶어 했어요. 수차례의 시도 끝에 1953년 영국의 원정대가 세계 최초로 에베레스트 등정에 성공했고, 1977년 고상돈 원정대가 우리나라 최초로 등정에 성공했지요. 지금까지도 전 세계의 많은 등산가들이 에베레스트산에 도전하고 있어요.

한편 히말라야에는 '셰르파'라는 등반 안내인이 있어요. 이들은 히말라야산맥 근처에 살면서 등반을 도와줘요. 셰르파는 고산지대에 익숙하기 때문에 등산가들에게 현지 지형과 기후에 대한 조언을 해 주지요.

## 어휘 퀴즈

□□□□ 울타리 너머 뒷동산에는 갈대풀이 무성했다.

너무 높지 않고 조금 얕은 듯한 것을 말해요.

## 상식 더하기

**산이 높으면 태양과 더 가까운데 왜 더 추울까?**

우리 지구는 태양에서 오는 열 덕분에 생명이 살 수 있는 온도가 유지되지요. 태양에서 오는 열이 지구 표면에 도달해서 내는 열을 '복사열'이라고 하는데 높은 곳에서는 복사열이 낮아져요. 따라서 높이 올라가면 지구 표면보다 오히려 온도가 낮아지는 현상이 일어나는 것이지요.

## 난센스 퀴즈

등산을 좋아하는 왕은?

정답 야트막한 | 하이킹(High King)

# 12 세상에서 가장 깊은 바다는?

지구의 70%는 바다로 이루어져 있어요. 매우 넓고 깊으며 많은 생물들이 살고 있는 신비로운 곳이지요. 바다는 위에서 보면 평평해 보이지만 속에는 땅처럼 높고 낮은 지형이 있어요. 수심이 얕은 곳과 깊은 곳이 있는 이유지요.

## 세상에서 가장 깊은 바다

세상에서 가장 깊은 바다는 '마리아나 해구'예요. 필리핀 동쪽 서태평양에 있지요. 휴양지로 잘 알려진 괌, 사이판과도 가까워요. 마리아나 해구의 가장 깊은 부분은 '챌린저 딥'이라고 부르는데, 수심 약 11,053m로 에베레스트산의 높이보다도 더 깊어요. 이곳은 너무 깊어서 수온이 **영하**에 가깝고 빛이 닿지 않아 아주 어두워요.

## 마리아나 해구 탐험

해양 과학자들은 베일에 싸여 있는 마리아나 해구에 대해 알아내고 싶어 했어요. 연구 끝에 1960년 스위스의 해양학자 자크 피카르와 미국 해군 중위 돈 월시는 잠수정 '트리에스테'를 타고 마리아나 해구 속으로 들어갔어요. 바다가 얼마나 깊었는지 무려 5시간 가까이 내려갔다고 해요. 내려가는 동안 벽에서 물이 약간씩 새기도 하고, 높은 압력 때문에 안전유리에 금이 가기도 했다니 얼마나 긴장되었을지 상상이 되지요? 두 사람의 용기 있는 도전 덕분에 해양 탐험의 새 역사가 쓰여졌어요. 이 탐험은 인류가 가장 깊은 바다에 도달한 기록으로 남아 있지요.

## 어휘 퀴즈

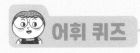

이번 주는 □□의 날씨가 계속되는 강추위가 이어지고 있다.

섭씨온도계에서 눈금이 0℃ 이하의 온도인 것을 말해요.

## 상식 더하기

**빛이 닿지 않는 바닷속에도 동물이 살까?**

깊은 바닷속에도 심해 동물들이 살고 있어요. 심해오징어, 초롱아귀, 귀신고기 등이 있지요. 깊은 바닷속은 빛이 없기 때문에 대부분의 심해 물고기들은 눈이 퇴화되었어요. 먹잇감이 귀한 심해에서 사냥에 유리하도록 입이 크고, 이빨이 날카로워요.

## 같은 그림 찾기

바닷속에 똑같은 물고기가 2마리씩 2쌍이 있어요. 모두 찾아 ○ 하세요.

정답 영하 | 212쪽 그림 참고

# 13 세계에서 가장 비싼 음식은?

최근 많은 음식들이 미각과 시각을 자극하며 사람들에게 먹는 즐거움을 주고 있어요. 그중 수많은 사람들에게 사랑을 받는 가장 비싼 음식은 무엇일까요?

## 땅에서 나는 다이아몬드, 트러플(트뤼프)

이탈리아에서 채취하는 송로버섯의 한 종류인 화이트 트러플은 특별한 향과 맛으로 **미식가**들의 사랑을 받는 음식이에요. 채취와 재배가 어려워 1kg에 300만 원을 훌쩍 넘는 가격을 자랑하며, 땅에서 나는 다이아몬드라는 별명을 가지고 있답니다. 2023년 일본의 디저트 회사 셀라토는 송로버섯 아이스크림을 만들어 '세계에서 가장 비싼 아이스크림'으로 기네스 세계 기록에 오르기도 했어요.

## 바다의 보석, 캐비아

캐비아 역시 세계에서 가장 비싼 음식으로 알려져 있어요. 캐비아는 철갑상어의 알인데, 독특한 풍미와 식감으로 많은 사람들의 사랑을 받고 있어요. 캐비아는 '바다의 보석'이라 불리며 1kg에 수백~수천만 원이나 해요. 하지만 과도한 철갑상어 포획으로 현재는 연간 포획 수가 제한되어 있어요.

## 황금보다 더 비싼 향신료, 사프란

크로커스라는 꽃의 암술을 건조해 만드는 사프란은 단 1g을 얻기 위해 암술 500개 이상을 말려야 해요. 모든 공정이 수작업으로 이루어지다 보니 가격이 비쌀 수밖에 없어요. 은은한 향을 내며 요리의 맛을 높여 주는 것으로 유명하지요.

## 어휘 퀴즈

캐비아는 □□□들이 즐겨 먹는 음식이다.

좋은 음식을 찾아 먹는 것을 즐기는 사람을 말해요.

## 상식 더하기

### 스테이크 상식

서양의 대표 요리인 스테이크를 먹을 때는 굽기를 선택할 수 있어요. 레어, 미디엄 레어, 미디엄, 미디엄 웰던, 웰던 순으로 선택할 수 있는데 레어가 가장 살짝 익힌 것이고, 웰던이 가장 바짝 익힌 것이에요. 취향에 맞게 선택하여 주문할 수 있어요.

## 상식 퀴즈

음식의 이름과 종류를 알맞게 연결해 보세요.

| | |
|---|---|
| 트러플 ● | ● ① 송로버섯  |
| 캐비아 ● | ● ② 크로커스 꽃의 암술  |
| 사프란 ● | ● ③ 철갑상어의 알  |

정답 미식가 | 트러플-①, 캐비아-③, 사프란-②

# 14 세계 최초로 세계 일주를 한 사람은?

'세계 일주'란 지구를 한 바퀴 도는 여행이에요. 무려 500년 전 세계 일주에 성공한 사람들이 있어요.

## 마젤란의 항해

1519년 9월 페르디난드 마젤란은 에스파냐(스페인) 국왕의 지원을 받고 향신료(후추) 무역을 위해 탐험을 시작했어요. 포르투갈이 장악한 동쪽이 아닌 서쪽 바다로 향한 마젤란은 끝없이 넓은 **망망대해**를 만났어요. 그는 이 바다에 평화로운 바다라는 뜻의 '태평양(Mare pacificum)'이라는 이름을 붙였어요.

## 험난한 여정

마젤란의 여행은 어려움의 연속이었어요. 많은 선원들이 병에 걸리거나 음식이 부족해서 사망했어요. 필리핀에 도착해서는 막탄섬 원주민들과 전쟁을 치르다가 마젤란도 사망했지요. 하지만 그가 이끌었던 탐험대는 항해를 계속하여, 결국 세계 일주에 성공했어요. 5척의 배에 265명의 선원을 이끌고 출발했던 마젤란 함대는 출발한 지 3년 만인 1522년 9월, 배 1척에 18명만을 태우고 돌아왔어요.

## 세계 일주의 의미

마젤란의 세계 일주는 많은 의미를 가지고 있어요. 먼저 지구를 한 바퀴 도는 항해를 통해 지구가 둥글다는 것을 증명했어요. 둘째로는 인간의 도전 정신과 용기를 보여 주었지요. 셋째로는 새로운 항로와 땅을 발견해서 다른 탐험가들의 길을 열어 줬어요.

## 어휘 퀴즈

배를 타고 가는 동안 눈앞에 □□□□가 끝없이 펼쳐졌다.

한없이 크고 넓은 바다를 말해요.

## 상식 더하기

**바다를 지배하는 나라가 세계를 지배한다?**

유럽이 바다로 나아간 15~17세기를 '대항해시대'라고 해요. 바다를 지배하는 자가 세계를 지배했지요. 에스파냐는 16세기 항해를 통한 식민지 개척으로 강대국으로 떠올랐어요.

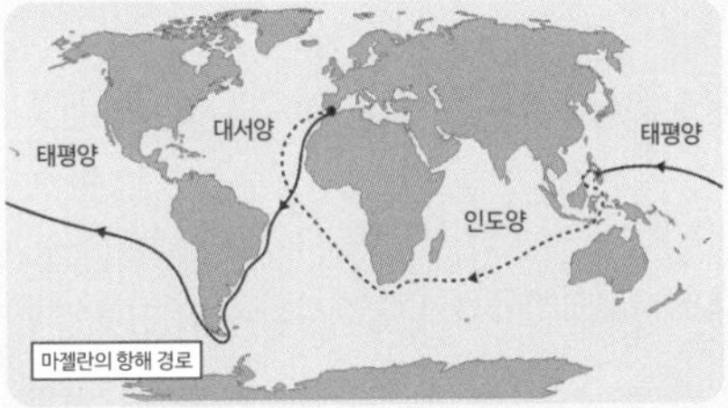


## 그림으로 배우기

옛날 사람들은 지구가 둥글다는 것을 알지 못해서 바다 끝에는 절벽이 있다고 생각했어.
고대 그리스에서는 아틀라스가 지구를 떠받치고 있다고 생각하기도 했고,
고대 이집트에서는 하늘의 여신이 낮과 밤을 만들어 준다고 생각했지.
세계 일주로 지구를 한 바퀴 돌고 나서야 사람들은 지구가 둥글다는 것을 알게 되었어.

# 15 세계 최초의 책은?

책은 사람에게 필요한 정보뿐만 아니라 재미있는 이야기, 배워야 할 교훈 등을 전해 줘요. 인류가 계속해서 발전할 수 있는 것은 책을 통해 지혜와 지식이 전해지기 때문이지요. 그렇다면 사람들은 언제부터 책을 만들어 읽었을까요?

## 진흙에 새긴 세계 최초의 책

세계 최초의 책은 약 5천 년 전 메소포타미아 지방에 살았던 수메르 사람들이 만든 점토판이에요. 진흙을 넓적하게 빚어서 문자를 새겨 넣고 불에 구워 만들었어요. 점토판은 무겁고 깨질 수 있다는 **단점**이 있었지만 단단해서 기록이 오래가고 보관이 쉬웠어요. 수메르인은 점토판에 쐐기 모양의 글자를 새겼는데 이를 '쐐기 문자'라고 불러요.

## 점토판의 의미

후대의 역사학자들은 점토판에 새겨진 쐐기 문자를 해석했어요. 점토판에는 여러 가지 내용이 적혀 있었는데 농사를 짓는 방법, 왕에게 보낸 편지, 노아의 방주, 바벨탑 이야기, 역사 기록 등이 담겨 있다고 해요. 이는 고대 사람들의 생활 모습과 인류의 초기 문명 발달을 연구하는 귀중한 자료가 되었어요. 오늘날 수메르인의 생활 모습이 비교적 잘 알려져 있는 것은 이 기록 덕분이에요. 이후 책은 파피루스, 양피지, 대나무(죽간), 비단 등에 기록하는 형태로 발전되었지요. 현대와 같은 종이는 고대 중국에서 처음 발명된 것으로 알려져 있어요.

## 어휘 퀴즈

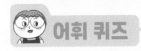

사람은 누구나 장점과 □□이 있는 법이다.

잘못되고 모자라는 점을 말해요.

## 상식 더하기

**세계 최초의 도서관은?**

전 세계의 문화를 종합적으로 수집했던 최초의 도서관은 이집트의 '알렉산드리아 도서관'이에요. 고대 지식과 학문의 중심지였으며 약 70만 권의 장서를 소장했다고 알려져 있지요. 이후 침략과 화재로 파괴되었지만 현대에 다시 복원하였어요.

## 상식툰

정답 단점

# 16 세계 최초의 올림픽은?

올림픽은 전 세계의 많은 나라들이 모여서 다양한 스포츠 경기를 펼치는 큰 축제예요. 세계인의 축제, 올림픽은 언제 시작되었을까요?

## 최초의 올림픽

올림픽이 처음으로 열린 곳은 고대 그리스였어요. 그리스의 올림피아라는 곳에서 제우스 신에게 바치는 제사의 의미로 시작되었죠. 처음에는 약 192m를 달리는 스타디온이라는 경기만 열렸지만 차차 레슬링, 원반던지기, 창던지기, 멀리뛰기 등으로 종목이 늘어났어요. 고대 올림픽은 남자 선수들만 참가할 수 있었어요. 선수들은 모두 맨몸으로 경기를 했다고 해요. 4년마다 열리는 올림픽은 기원전 776년부터 약 1,200년 동안 이어졌어요. 로마 제국이 그리스를 정복하면서 점차 줄어들다가 4세기경 기독교가 공식 종교로 자리 잡으면서 올림픽은 사라졌어요. 기독교는 하나님만을 섬기는데, 올림픽은 제우스 신에게 바치는 축제이기 때문이지요.

## 현대 올림픽의 시작

우리가 알고 있는 현대 올림픽은 1896년에 프랑스의 피에르 드 쿠베르탱의 제안으로 다시 시작되었어요. 스포츠 교육의 가치를 주장했던 쿠베르탱은 올림픽을 통해 스포츠 정신을 기르고, 국제적인 화합을 **고취**하고 싶어 했지요. 그는 국제 올림픽 위원회를 설립하여 그리스 아테네에서 올림픽을 부활시켰어요. 이후로 4년마다 전 세계의 많은 나라들이 모여서 올림픽을 통해 평화와 우정을 나누고 있답니다.

## 어휘 퀴즈

그는 역사 교육을 통해 학생들에게 애국심을 □□하려 했다.

의견이나 사상을 열렬히 주장하여 불어넣는 것을 말해요.

## 상식 더하기

**올림픽 성화 봉송이란?**

고대 그리스 사람들은 제우스 신을 기리기 위해 올림피아의 제단에 불을 피웠는데, 현대 올림픽에서도 이 전통을 이어받아 성화를 피우고 있어요. 올림픽 성화 봉송은 올림픽이 열리기 전, 개최하는 나라로 성화를 전달하는 중요한 행사입니다. 올림픽의 시작을 알리는 이 성화는 세계의 평화와 우정을 상징하지요.

## 상식 퀴즈

올림픽에서 가장 많은 메달을 획득한 사람은?
이 선수는 미국의 수영 선수로 선수 생활 동안 올림픽 메달을 무려 28개나 획득했습니다.

정답 고취 | 마이클 펠프스

# 17 세계에서 가장 비싼 그림은?

## 세계에서 가장 비싼 그림, 역대 최고가 기록!

2017년 미국 뉴욕의 크리스티 경매에서 레오나르도 다빈치의 작품 '살바토르 문디'가 무려 4억 5천만 달러에 거래되었다. 이는 우리나라 돈 약 6천억 원으로 역대 미술 분야 경매 가격 중 최고다. '살바토르 문디'는 라틴어로 '구세주'라는 뜻이며, 이 작품에는 예수님이 한 손에는 지구를 상징하는 구슬을 들고 있고, 다른 손으로는 축복을 내리는 모습이 그려져 있다.

### 레오나르도 다빈치

레오나르도 다빈치는 1452년 이탈리아에서 태어났으며 인류 최고의 천재 중 한 사람이다. 그는 회화, 건축, 조각, 음악, 해부학 등 다양한 분야에서 뛰어난 업적을 남겼다. 그의 작품들은 뛰어난 **걸작**으로 인정받고 있는데 몇 점 남아 있지 않아 더욱 귀하다.

### 레오나르도 다빈치의 작품

레오나르도 다빈치의 가장 유명한 작품으로는 '모나리자'와 '최후의 만찬'이 있다. '모나리자'는 신비로운 미소를 짓고 있는 여인의 초상화로, 현재 프랑스의 루브르 박물관에 전시되어 있다. '최후의 만찬'은 이탈리아의 산타 마리아 델레 그라치에 교회의 벽화로, 예수님과 제자들이 마지막으로 함께 식사하는 장면을 그린 작품이다. 그림 속 예수님과 제자들의 표정이 매우 생생하게 묘사되어 있는 걸작으로 손꼽히고 있다.

## 어휘 퀴즈

이 작품은 유명한 명화 중에서도 □□으로 손꼽힌다.

매우 훌륭한 작품을 말해요.

## 상식 더하기

### 세계에서 가장 큰 미술관은?

모나리자가 전시되어 있는 프랑스의 루브르 박물관은 세계에서 가장 크고 방문자가 많은 미술관이에요. 원래 왕궁으로 사용되다가 1793년 미술관으로 개관했어요. 이곳에는 밀로의 비너스, 사모트라케의 니케 등 60만 개가 넘는 유명한 작품들이 전시되고 있어요.

## OX 퀴즈

이번 글을 읽고 알게 된 내용입니다. 사실인 것에 ○, 사실이 아닌 것에 × 하세요.

1 '모나리자', '최후의 만찬', '살바토르 문디'는 레오나르도 다빈치의 작품이에요. □

2 세계에서 가장 비싼 가격에 거래된 그림은 '모나리자'예요. □

3 '살바토르 문디'는 라틴어로 구세주라는 뜻이에요. □

정답 걸작 | O, X, O

# 18 세계 최고의 부자는?

미국에서 발행되는 유명한 경제 잡지 포브스(Forbes)는 세계 최고의 부자 순위를 발표해요. 세계 부자 순위는 매년 조금씩 변하고 있어요. 부자들이 가지고 있는 주식의 가치가 오르락내리락하기 때문이지요.

## 세계 최고 부자들

2025년 2월 기준, 세계 최고 부자는 테슬라와 스페이스 X의 CEO인 일론 머스크가 차지했어요. 일론 머스크는 전기차와 우주탐사 등 상상 속의 기술을 실현하며 큰 성공을 거두었어요. 일론 머스크의 재산은 무려 4,363억 달러로 우리나라 돈 약 636조라는 **천문학적**인 금액이지요.

2위는 아마존의 CEO인 제프 베이조스예요. 아마존은 전 세계에서 가장 큰 온라인 쇼핑몰 중 하나로, 미국뿐만 아니라 전 세계인들이 사용하고 있어요.

3위는 소프트웨어 회사인 오라클을 창업한 래리 엘리슨이에요. 오라클은 사람들이 컴퓨터로 정보를 쉽게 저장하고 찾아볼 수 있게 도와주는 프로그램을 만든 회사예요.

이 밖에도 페이스북을 만든 마크 저커버그, 컴퓨터 윈도우를 개발한 빌 게이츠 등이 세계 부자 순위에 이름을 올렸어요.

세계 최고의 부자들은 자신이 좋아하는 것을 찾아 꿈을 이룬 사람들이에요. 세상을 편리하고 행복하게 할 수 있는 방법을 찾아 과감히 도전했지요.

## 어휘 퀴즈

이 일은 □□□□ 비용과 인력이 필요한 작업이다.

수가 엄청나게 큰 것을 말해요.

## 상식 더하기

**우리나라 부자 1위는?**

2024년 기준 우리나라의 부자 1위는 이재용 삼성전자 회장이에요. 삼성전자는 스마트폰, 컴퓨터, TV 등을 만드는 회사로 우리나라에서 손꼽히는 대기업 중 하나예요. 삼성은 1930년대 이병철 회장이 삼성상회를 설립하면서 시작되었어요. 이후 이병철 회장의 셋째 아들인 이건희 회장이 반도체 사업에 뛰어들면서 삼성은 국내 1위의 기업으로 성장하게 되었어요. 현재는 이건희 회장의 아들인 이재용 회장이 삼성을 이끌고 있어요.

## 난센스 퀴즈

세상에서 가장 부자인 동물은?

정답 천문학적 | 거위

# 19 세계에서 가장 행복한 나라는?

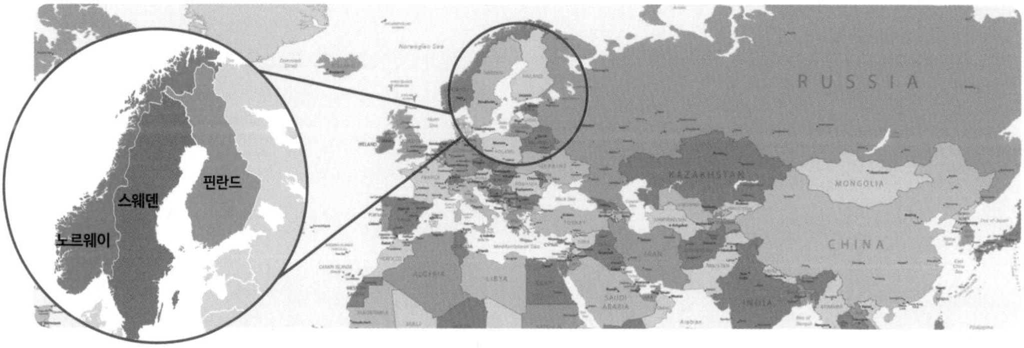


매년 UN에서 발간하는 세계 행복 보고서에 따르면 세계에서 가장 행복한 나라는 핀란드예요. 무려 7년 연속 세계에서 가장 행복한 나라 1위를 차지하고 있어요.

## 북유럽의 행복한 나라, 핀란드

북유럽의 핀란드는 인구 약 560만 명이 살고 있는 나라로, 오로라를 관찰할 수 있는 곳으로 유명해요. 핀란드는 지구의 북쪽에 위치해 1년의 절반 가량이 춥고 겨울에는 해가 뜨지 않는 날도 있어요. 하지만 체계적인 사회복지 시스템, 뛰어난 교육 환경, **청렴한** 공직자 등으로 많은 나라의 부러움을 사고 있어요. 학비, 의료비가 거의 무료이고 복지가 잘되어 있지요. 핀란드 외에도 덴마크, 노르웨이, 스웨덴 등의 북유럽 국가들은 대부분 행복 지수 상위권에 자리하고 있어요.

## 행복은 선진국 순이 아니에요

한편 우리나라의 행복 지수는 약 150개의 나라 가운데 52위를 차지했어요. GDP(국내총생산) 기준 경제 규모가 세계 14위인 것을 감안할 때 높지 않은 등수지요. 행복 지수는 미국 23위, 독일 24위 등으로 경제 선진국들도 20위권 밖으로 밀려났어요. 경제적으로 부유하다고 해서 반드시 행복 지수가 높은 것은 아니라는 것을 알 수 있지요.

## 어휘 퀴즈

우리 아버지는 공직자로서 평생 □□□ 삶을 살아왔다.

성품과 행실이 좋고 맑으며 탐욕이 없는 것을 말해요.

## 상식 더하기

**복지란 무엇일까?**

'복지'란 모든 국민이 인간다운 생활을 누리고, 행복한 삶을 살아갈 수 있도록 지원하는 정책을 말해요. 은퇴 후 소득을 보장하는 국민연금 제도, 저소득층에게 필요한 비용을 지원하는 기초 생활 보장 제도, 사회적 약자인 장애인, 아동, 노인을 위한 복지 제도 등이 있어요.

## OX 퀴즈

이번 글을 읽고 알게 된 내용입니다. 사실인 것에 ○, 사실이 아닌 것에 × 하세요.

1 핀란드는 경쟁을 강조하는 교육 방식으로 잘 알려져 있다. □

2 북유럽 국가들은 대부분 행복 지수 상위권에 자리하고 있다. □

3 경제적으로 부유할수록 행복 지수가 높다고 볼 수 있다. □

정답 청렴한 | X, O, X

# 20 세계 최고의 부자 나라는?

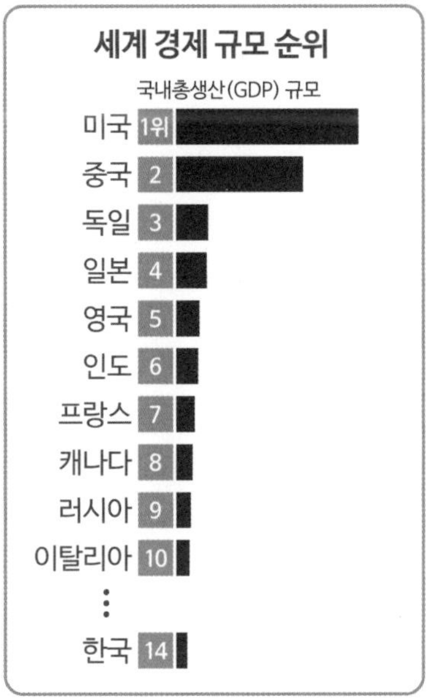


'GDP(국내총생산)'란 일정 기간 한 나라 안에서 생산된 모든 재화와 서비스의 총합을 말해요. 각 나라의 GDP는 달러로 표시하여 비교하는데, 이는 각 나라의 경제 규모를 보여 주는 중요한 지표예요. GDP가 높을수록 경제 규모가 큰 나라라고 볼 수 있지요.

## 압도적 세계 1위

미국은 세계에서 가장 큰 경제 규모를 가진 나라로, 전 세계 GDP의 25%를 차지하는 경제 대국이에요. 미국은 기술, 금융, 제조업, 서비스업 등 거의 모든 분야에서 세계를 **선도**하고 있는 1등 국가지요. 유튜브를 운영하는 구글, 아이폰을 만드는 애플 등 세계적인 기업들이 미국에 본사를 두고 있어요. 넓은 땅과 풍부한 자원을 보유하고 있고, 군사력 역시 가장 강하지요. 미국의 뒤를 잇는 나라로는 중국, 독일, 일본 등이 있어요. 우리나라의 GDP 순위는 2023년 기준 14위를 차지했어요.

## 국민 1인당 GDP 1위는 이곳

GDP는 한 나라 전체의 경제 규모를 비교하는 지표이기 때문에 인구가 많고 큰 나라에 유리할 수밖에 없어요. 그렇다면 국민 1인당 GDP가 가장 높은 나라는 어디일까요? 바로 룩셈부르크예요. 룩셈부르크는 프랑스, 독일, 벨기에 사이에 위치한 작은 나라예요. 인구가 65만 명밖에 되지 않지요. 나라 크기는 작지만 유럽의 중심에 위치해 있고, 금융업이 번성하여 경제가 발달했어요.

## 어휘 퀴즈

우리 학교는 건전한 교육 문화를 □□하고 있다.

앞장서서 이끌거나 안내하는 것을 말해요.

## 상식 더하기

**재화와 서비스란 무엇일까?**

우리가 하고 있는 경제 활동은 재화와 서비스로 나눌 수 있어요. 재화는 물건이나 음식처럼 모양이 있는 것을 말해요. 서비스는 눈에 보이지는 않지만 다른 사람을 만족시킬 수 있는 행동을 말해요. 기술자가 고장 난 물건을 고쳐 주는 것, 선생님이 우리에게 공부를 가르쳐 주는 것, 가수가 노래를 부르는 것 등이 모두 서비스지요.

## 상식 퀴즈

성조기에 있는 별의 개수는?
미국의 국기인 성조기에는 미국의 주 개수만큼 별이 그려져 있어요. 총 몇 개의 별이 그려져 있는지 세어 보세요.

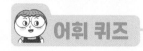

정답 선도 | 50개

# 21 꿀벌이 멸종하면 인간도 멸종한다?

꽃과 꽃 사이를 부지런히 날아다니는 벌을 본 적 있나요? 꿀벌은 작은 곤충이지만 자연에서 아주 중요한 역할을 맡고 있는 소중한 존재예요.

## 꿀벌의 역할

꿀벌은 꽃가루와 꿀을 얻기 위해 이 꽃 저 꽃을 돌아다녀요. 이 과정에서 꿀벌의 몸에 묻은 꽃가루들이 옮겨지면서 식물의 수분이 이루어져요. 수분은 꽃의 수술에 있는 꽃가루가 다른 꽃의 암술머리에 옮겨지는 과정으로, 식물이 열매를 맺기 위해 반드시 필요해요. 누군가가 식물에게 수분을 해 주어야 하는데 꿀벌이 이 역할을 하는 것이지요. 만약 꿀벌이 사라지면 일부 식물은 **번식**하지 못해서 사라질 수도 있어요. 특히 꿀벌이 수분하는 식물 중에는 우리가 먹는 과일, 채소 등이 많이 포함되어 있어요. 따라서 꿀벌이 사라지면 식량 생산량이 줄어들 수 있어요.

## 꿀벌이 줄어드는 이유

그런데 꿀벌이 점점 줄어들고 있대요. 해충을 없애기 위해 사람들이 농약을 많이 사용하고, 도시화로 인해 숲이 줄어들기 때문이에요. 일부 과학자들은 전자파가 꿀벌이 줄어드는 원인 중 하나라고 주장하기도 해요. 전자파가 꿀벌의 방향 감각에 영향을 미쳐 벌집을 찾아오지 못하게 한다는 것이지요. 이 밖에도 지구온난화로 인한 기후변화도 꿀벌에게 나쁜 영향을 끼쳐요. 꿀벌이 사라지면 식물이 사라지고, 식물이 사라지면 동물이, 그리고 결국은 인간까지 위협할 수 있는 만큼 꿀벌의 생존을 위한 연구와 관심이 필요해요.

## 어휘 퀴즈

바퀴벌레는 □□ 속도가 빨라 금방 많아진다.

생물이 자기 자손을 유지하고 늘리는 현상을 말해요.

## 상식 더하기

**생태계 평형이란?**

우리가 살고 있는 생태계 안에서 다양한 생물들이 안정된 상태를 유지하는 것을 '생태계 평형'이라고 해요. 아주 작은 생물이라도 그 개체수가 급격히 늘거나 줄어들면 생태계의 평형이 깨져요. 그러면 생태계 전체에 큰 문제가 될 수 있지요.

## 미로 찾기

꿀벌이 꿀을 모을 수 있게 미로를 따라가 보세요.

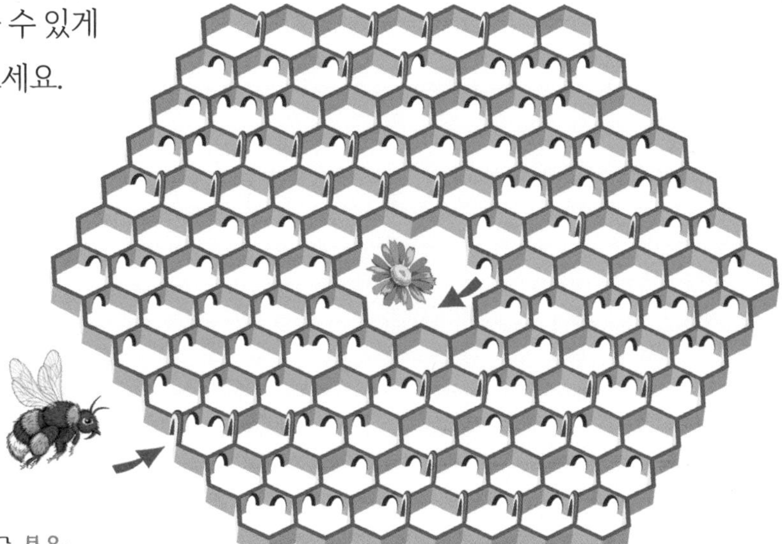

정답 번식 | 212쪽 그림 참고

# 22 아보카도가 환경 파괴범?

연두색의 촉촉하고 고소한 아보카도를 먹어 보았나요? 아보카도는 열대지방에서 재배되는 열매로, 영양가가 높고 맛이 좋아 많은 사람들에게 사랑받고 있는 식품이에요. 그런데 이 아보카도가 환경을 파괴하는 데 일조하고 있다는 비판을 받고 있어요.

## 아보카도가 환경 파괴범으로 불리는 이유

아보카도가 어떻게 환경을 파괴한다는 것일까요? 그 원인은 물에 있어요. 아보카도가 주로 재배되는 지역은 멕시코, 칠레 등 물 부족이 심각한 나라들이에요. 그런데 1kg의 아보카도를 생산하기 위해 1,000L 이상의 물이 필요하다고 해요. 이렇게 아보카도 농사에 물을 많이 써 버리면, 안 그래도 물이 모자란 지역에 물이 더욱 부족해지는 것이지요. 또한 물을 많이 사용하면 지하수가 고갈되고 토양이 침식되는 문제가 발생할 수 있어요. 아보카도의 수요가 증가하면서 더 많은 아보카도를 심기 위해 다른 식물을 **벌목**하는 것도 큰 문제가 되고 있어요.

## 아보카도 불매 운동

아보카도가 환경을 파괴한다는 논란 때문에 유럽 각지에서는 아보카도 불매 운동이 일어났어요. 2024년 파리 올림픽에서도 친환경 올림픽을 위해 선수들의 식사에 아보카도는 제공하지 않는다고 하여 화제가 되기도 했지요.

## 어휘 퀴즈

무분별한 □□은 산림을 파괴하고 환경을 황폐하게 한다.

산림에서 성장한 나무를 자르는 것을 말해요.

## 상식 더하기

**커피도 환경 파괴**

어른들이 자주 마시는 커피도 아보카도처럼 환경을 파괴하는 식품으로 알려져 있어요. 커피 재배를 위해 숲을 없애고 커피나무를 심는 경우가 많기 때문이지요. 또한 집에서 간편하게 사용할 수 있는 캡슐 커피는 재활용이 어려워 정부와 기업이 함께 방안을 찾고 있답니다.

## OX 퀴즈

이번 글을 읽고 알게 된 내용입니다. 사실인 것에 ○, 사실이 아닌 것에 × 하세요.

1 아보카도를 생산하는 데 물이 아주 많이 필요하다.

□

2 아보카도를 심기 위해 다른 식물을 벌목하고 있다.

□

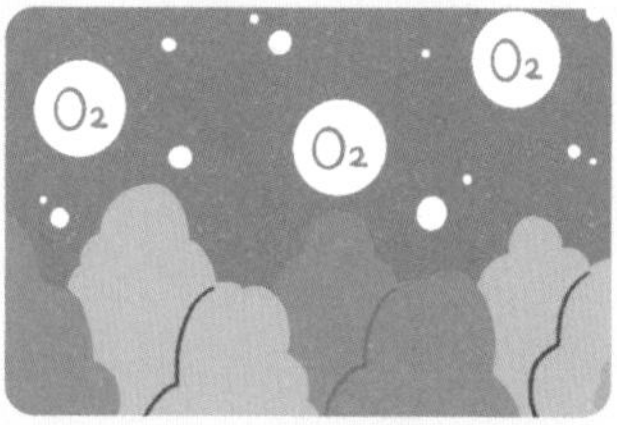


3 아보카도를 많이 심으면 산소가 많이 발생한다.

□

정답 벌목 | O, O, X

# 23 육류 소비도 문제다!

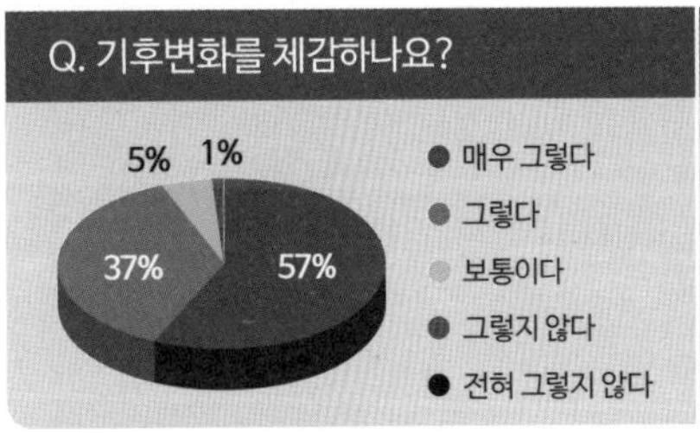


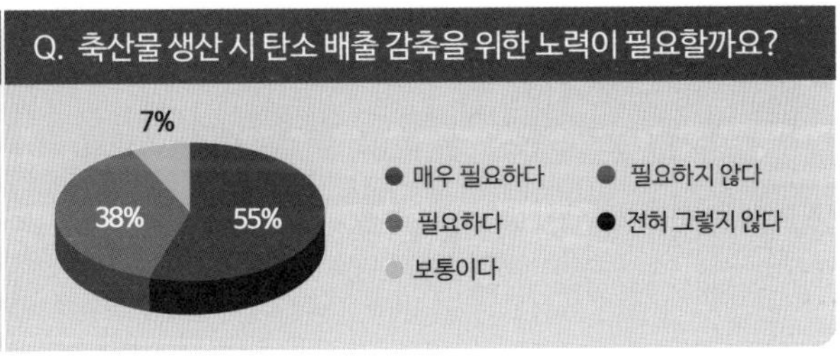


## 소비자 90% 이상, "축산물 생산 시 탄소 배출 줄여야"

지구온난화의 주범인 메탄은 식용 가축에게서 배출되는 양이 전체의 32%를 차지하고 있다. 특히 소는 소화 과정에서 다른 동물들에 비해 훨씬 많은 메탄가스를 배출한다.

### 소비자들의 생각

최근 한국축산데이터의 설문 조사에 따르면 국내 소비자 90% 이상이 기후변화를 체감하고 있으며, 축산물 생산 과정에서 탄소 배출 **감축**을 위한 노력이 적극적으로 이뤄져야 한다고 답했다. 앞으로 심화되는 기후변화가 소비자의 축산물 구매에도 큰 영향을 미칠 것으로 예상된다.

### 식생활의 변화

전 세계적으로 지구온난화가 가속화되면서 친환경을 추구하는 소비자가 늘고 있다. 이는 식물성 식품을 즐기는 식생활로 이어지고 있다. 채식 위주의 식단을 하면 육류를 먹는 것보다 탄소 배출량을 낮출 수 있기 때문이다. 환경보호를 위해 채식을 권유하는 채식주의자들은 육류를 덜 섭취하는 것만으로도 지구온난화를 늦출 수 있다고 주장한다. 이처럼 환경보호를 위해 채식, 저탄소 축산물 등에 관심을 갖는 소비자가 많아짐에 따라 식품업계에서도 탄소 배출 감축이 중요한 이슈로 떠오르고 있다.

## 어휘 퀴즈

지난번에 사람이 너무 많아서 이번에는 참가 인원을 □□할 예정이다.

덜어서 줄이는 것을 말해요.

## 상식 더하기

### 윤리적 소비

제품이나 서비스를 구매할 때, 생산 근로자들의 노동조건, 환경에 미치는 영향 등을 고려하여 책임감 있게 소비하는 것을 의미해요. 생산 과정에서 환경을 오염시키는 식품을 구매하지 않는 것, 동물실험을 하지 않은 화장품을 구매하는 것, 노동자의 권리를 보호하는 기업의 물건을 구매하는 것 등을 예로 들 수 있어요.

## 그림으로 배우기

윤리적 소비를 위해 이렇게 해요.

| 아동 노동 착취하는 기업 제품 × | 환경 파괴하는 기업 제품 × | 동물실험하는 제품 × | 공정 무역 제품 ○ |
|---|---|---|---|

정답 감축

# 24 달걀을 품으면 병아리가 태어날까?

발명왕 토머스 에디슨은 어린 시절 닭이 알을 품으면 병아리가 되는 것을 보고 직접 달걀을 품었다고 해요. 이 일화는 에디슨의 실험 정신을 보여 주는 사례로 잘 알려져 있어요. 하지만 꼬마 에디슨의 실험은 실패로 끝났지요.

## 암탉이 혼자 알을 낳는다고요?

포유동물은 암컷과 수컷이 있어야 새끼가 태어날 수 있지만, 알을 낳는 동물은 암컷만 있어도 알을 낳을 수 있어요. 이러한 알을 '무정란'이라고 하지요. 무정란은 아무리 적절한 조건에서 품어도 병아리로 부화하지 않아요. 수탉의 정자와 결합하여 수정된 유정란만 병아리로 부화할 수 있어요. 일반적으로 우리가 마트에서 구입하는 달걀은 대부분 무정란이기 때문에 아무리 품어도 병아리로 부화할 수 없지요.

## 적절한 온도와 습도

유정란이라고 해도 다 병아리가 될 수 있는 것은 아니에요. 적절한 온도와 **습도**가 필요하지요. 알이 부화하기 적절한 온도인 37.5°C를 꼬박 20여 일 동안 유지해야 한답니다. 그래서 알을 품고 있는 암탉은 꼼짝하지 않고 있어야 해요. 또 암탉은 주기적으로 알을 회전시켜 주면서 알 내부의 온도와 습도가 유지되도록 노력해요. 인공부화기를 사용하는 경우에도 이 조건을 맞춰야 해요. 이것이 충족된다면 약 21일 뒤 병아리가 부화하지요.

## 어휘 퀴즈

비가 올 때는 □□가 높아 빨래가 잘 마르지 않는다.

공기 가운데 수증기가 들어 있는 정도를 말해요.

## 상식 더하기

**아빠가 알을 품는 동물은?**

대부분의 동물은 암컷이 알을 품지만 수컷이 알을 품는 동물도 있어요. 해마는 아빠(수컷)가 알을 품는 가장 대표적인 동물이에요. 암컷 해마가 수컷 해마의 배에 있는 주머니에 알을 낳으면, 알들이 부화할 때까지 수컷 해마가 돌봐요. 남아메리카에 사는 다윈코개구리도 수컷이 알을 입에 넣고 품는 독특한 번식법으로 유명하지요.

## 그림으로 배우기

알을 낳는 동물은 알, 새끼, 어른 동물의 한살이 과정을 거칩니다.
닭의 한살이를 살펴볼까요?

**알** 타원 모양이며 암수 구분이 어렵습니다.

**병아리** 21일 후에 알에서 부화하며 몸이 솜털로 덮여 있습니다.

**큰 병아리** 솜털이 깃털로 바뀌며 수컷은 벼슬이 올라옵니다.

**닭** 꽁지깃이 자라며 암수 구별이 쉽습니다.

정답 습도

# 25 지렁이는 비가 오면 왜 기어 나올까?

꼬물꼬물 꿈틀꿈틀. 비 온 다음날이면 길가에 지렁이가 나와 있는 모습을 흔하게 볼 수 있어요. 지렁이는 왜 비가 오면 땅 위로 기어 나오는 것일까요?

## 피부로 숨 쉬는 지렁이

지렁이는 피부로 호흡하는 대표적인 동물이에요. 지렁이는 평소 땅속에 있는 공기로 호흡하는데, 비가 오면 흙 속에 물이 차면서 공기의 양이 줄어들게 돼요. 이 때문에 지렁이는 숨을 쉬기 위해 땅 위로 나오는 것이지요. 또 많은 비가 내리면 흙이 물에 잠길 수 있기 때문에 땅 위로 나와 몸을 피하는 거예요. 평소에 지렁이가 흙 밖으로 나오면 새의 공격을 당할 확률이 높지만, 비가 왔을 때는 새와 같은 천적의 활동도 많지 않기 때문에 안전해요.

## 건강한 흙의 지표가 되는 지렁이

지렁이는 땅속을 헤집고 다니면서 땅을 부드럽게 만들고 땅속에 많은 공간을 만들어요. 이 공간에 공기와 물이 들어가 식물의 성장을 도와줘요. 또한 지렁이의 **배설물**은 미생물의 먹이가 되어 식물에 도움이 되는 건강한 흙을 만들어 주지요. 그렇기 때문에 지렁이의 수가 토양의 건강 상태를 평가하는 데 중요한 지표가 된답니다.

## 어휘 퀴즈

초식 동물의 □□□에서는 똥 냄새가 아닌 풀 냄새가 난다.

생물체가 몸 밖으로 배설하는 똥, 오줌, 땀 등을 말해요.

## 상식 더하기

**피부로 숨 쉬는 다른 동물들**

피부를 통해 호흡하는 동물은 지렁이 외에도 여러 종류가 있어요. 개구리, 두꺼비, 도롱뇽 등의 양서류가 대표적이지요. 거북이와 도마뱀 같은 파충류도 폐호흡과 피부호흡을 함께 해요. 이 동물들은 습한 환경에 살면서 피부를 통해 산소를 흡수하고 이산화탄소를 배출하지요.

## 난센스 퀴즈

지렁이가 회전 놀이기구를 타며 하는 말은?

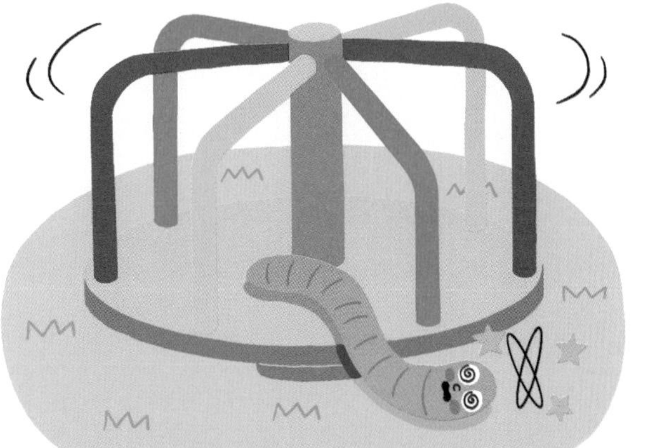

정답 배설물 | 아, 어지렁

# 26 씨 없는 수박은 어떻게 자랄까?

무더운 여름 하면 가장 생각나는 과일은 바로 수박이지요. 과즙이 가득하고 시원한 수박은 참 맛이 있어요. 빨간 수박을 베어 먹으며 까만 씨앗을 투투 뱉어 내는 것도 재미있어요. 그런데 요즘에는 씨가 없는 수박이나 속이 노란 망고 수박도 쉽게 볼 수 있어요.

## 씨 없는 수박의 발명

일본의 식물 유전학자인 기하라 히토시 박사는 어떻게 하면 사람들이 더 먹기 좋은 수박을 만들 수 있을까 고민했어요. 기하라 박사는 염색체 수를 홀수로 만들어 씨가 생기지 않는 수박을 발명했어요. 이렇게 씨 없는 수박을 만드는 기초 원리를 '종의 합성 이론'이라고 하는데, 우리나라의 우장춘 박사가 연구한 이론이었어요. 우장춘 박사의 연구와 기하라 박사의 실험이 만나 씨 없는 수박이 탄생한 것이지요. 이후 우장춘 박사는 우리나라에서 씨 없는 수박을 시범 재배하기도 했어요. 씨 없는 수박은 **인위적**으로 유전자를 조작하는 유전자 변형 농수산물(GMO)과 달리, 자연적인 유전 변이를 활용하기 때문에 소비자들도 좋아하고 있어요.

## 다양한 씨 없는 과일들

요즘에는 씨 없는 수박 외에도 다양한 씨 없는 과일이 개발되었어요. 먹기가 편하기 때문에 소비자들은 씨 없는 과일을 선호하지요. 과학자들은 이렇게 과일에서 단순히 씨를 없애는 것뿐 아니라, 다양한 품종을 개발하고 당도를 높이려는 노력을 하고 있답니다.

## 어휘 퀴즈

그 호수는 자연 호수가 아니라 □□□으로 만든 것이다.

자연의 힘이 아닌 사람의 힘으로 이루어지는 것을 말해요.

## 상식 더하기

### 농업 발전의 아버지, 우장춘 박사

우장춘 박사는 우리나라의 농학 박사로 1950년대에 감자, 배추 등을 개량하여 더욱 먹기 좋게 만들었어요. 또 제주도에 감귤 농업을 제안하는 등 우리나라 농업 발전에 크게 이바지했어요. 우장춘 박사는 친일파였던 아버지의 친일 매국 행위를 용서받기 위해 한국 농업 발전에 최선을 다했다는 이야기도 있어요.

ⓒ 창비

## OX 퀴즈

이번 글을 읽고 알게 된 내용입니다. 사실인 것에 ○, 사실이 아닌 것에 × 하세요.

1 우리나라의 우장춘 박사가 씨 없는 수박을 발명했다. □

2 씨 없는 수박은 염색체 수가 홀수이기 때문에 씨를 만들 수 없다. □

3 씨 없는 수박은 자연적인 유전 변이를 활용했다. □

정답 인위적 | X, O, O

# 27 하루살이는 정말 하루만 살까?

여름철 저녁이 되면 가로등에 몰려드는 하루살이를 본 적 있지요? 하루살이는 이름 때문에 단 하루만 사는 곤충으로 생각할 수 있지만 실제로는 몇 개월에서 몇 년까지 살 수 있는 곤충이에요. 날아다니는 어른 하루살이(성충)의 삶은 매우 짧지만 애벌레(유충) 단계에서 오랜 시간을 보내기 때문이지요.

## 성충 하루살이의 특징

하루살이는 알에서 태어나 애벌레 단계를 거쳐 성충으로 자라요. 성충 하루살이는 입이 퇴화되어 먹이를 먹지 못해요. 그러다 보니 짧게는 몇 시간, 길게는 일주일 정도밖에 살지 못하지요. 긴 애벌레 시절을 거쳐 성충이 되었는데 음식도 먹지 못하다니 참 안쓰러운 곤충이지요. 그렇게 어른 하루살이는 오로지 짝짓기와 산란에만 집중하다가 생을 마감해요.

## 성충 기간이 짧은 곤충

하루살이처럼 성충 기간이 짧은 곤충에는 매미가 있어요. 매미의 **한살이** 과정은 하루살이와 같이 알, 애벌레, 성충의 세 단계로 나누어지며, 번데기 단계는 존재하지 않아요. 매미는 애벌레로 오랜 시간을 땅속에서 보내요. 종에 따라 다르지만 땅속에서 2년부터 17년까지 아주 긴 시간을 보내지요. 애벌레일 때는 나무뿌리에서 나오는 수액을 먹으며 자라고, 성충이 된 후에는 번식 활동에만 집중해요. 여름철 매미가 맴맴 우는 소리는 짝을 찾기 위해 내는 소리랍니다.

## 어휘 퀴즈

강낭콩 씨앗을 심고 기르면 식물의 □□□를 관찰할 수 있다.

생명체가 세상에 태어나서 죽을 때까지의 동안을 말해요.

## 상식 더하기

**완전탈바꿈과 불완전탈바꿈**

보통 곤충의 한살이는 알 - 애벌레(유충) - 번데기 - 어른벌레(성충)의 단계를 거쳐요. 나비처럼 이 4단계를 모두 거치는 것을 '완전탈바꿈'이라고 하고, 잠자리, 하루살이, 매미처럼 번데기 과정 없이 애벌레에서 바로 성충이 되는 것을 '불완전탈바꿈'이라고 해요.

**완전탈바꿈_ 나비** **불완전탈바꿈_ 잠자리**

## 상식 퀴즈

다음 중 완전탈바꿈을 하는 곤충은?

① 매미 ② 하루살이 ③ 잠자리 ④ 나비

정답 한살이 | ④ 나비

# 28 상어와 고래는 어떻게 다를까?

바다를 대표하는 동물이라고 하면 보통 상어나 고래가 떠오르지요? 상어와 고래는 모두 천적이 거의 없는 바다 동물이지만 서로 다른 점이 아주 많아요.

## 어류에 속하는 상어

먼저 상어는 다른 물고기들처럼 어류에 속해요. 아가미로 호흡하지요. 모두 알에서 **부화**하는 방식으로 번식해요. 상어의 골격은 부드러운 뼈인 연골로 이루어져 있고, 주로 좌우로 몸을 흔들며 헤엄쳐요.

## 포유류에 속하는 고래

반면 고래는 새끼를 낳아 젖을 먹이는 포유류예요. 고래는 크기가 엄청나게 크지만 다른 포유류와 마찬가지로 목뼈가 7개예요. 골격은 딱딱한 뼈인 경골로 이루어져 있지요. 폐호흡을 하기 때문에 주기적으로 수면 위로 올라와 공기를 들이마셔요. 꼬리를 위아래로 움직여 헤엄치지요.

## 고래상어는 고래일까 상어일까?

고래상어는 상어에 속해요. 이름에 '고래'가 포함되어 있지만 고래상어는 상어의 한 종류인 어류랍니다. 상어 중에서도 덩치가 아주 크지요. 플랑크톤이나 작은 물고기를 먹는 고래와 식성이 비슷하여 고래상어라는 이름이 붙었어요.

## 어휘 퀴즈

알에서 갓 □□한 병아리가 정말 귀여웠다.

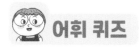

동물의 알 속에서 새끼가 껍데기를 깨고 밖으로 나오는 것을 말해요.

## 상식 더하기

**바다 포유류**

고래와 같은 바다 포유류에는 고래처럼 물속에 사는 매너티, 듀공, 그리고 바다와 육지를 오갈 수 있는 바다사자, 물개, 해달, 바다코끼리 등이 있어요.

매너티

바다사자

해달

바다코끼리

## 난센스 퀴즈

고래 몇 마리가 모여야 가장 큰 소리가 날까?

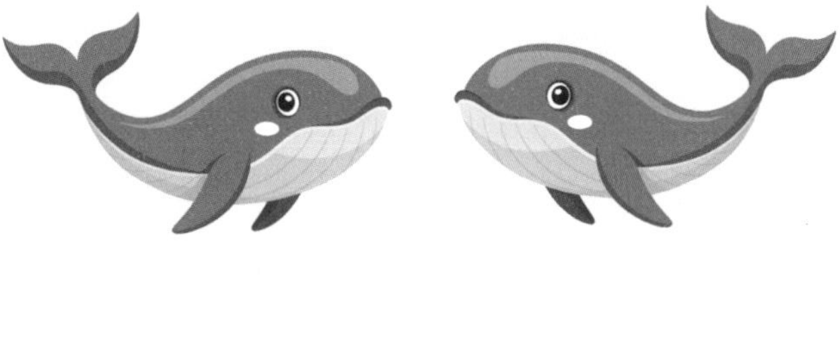

정답 부화 | 두 마리(고래고래)

# 29 버섯은 식물이 아니라고?

표고버섯, 양송이버섯, 느타리버섯, 팽이버섯…. 우리는 다양한 버섯들을 먹고 있어요. 버섯은 채소처럼 맛도 좋고 몸에도 좋은 음식이에요. 그런데 버섯은 채소와 달리 식물이 아니라는 사실을 알고 있었나요?

## 버섯과 식물의 차이

버섯은 식물이 아니라 곰팡이와 같은 균류에 속해요. 대부분의 식물은 햇빛으로 **광합성**을 해서 스스로 영양분을 얻는데 비해, 균류는 광합성을 하지 않아요. 버섯은 보통 나무에 붙어 자라면서 나무의 영양분을 흡수하지요. 또한 식물은 주로 씨앗을 통해 번식하는데 균류인 버섯은 홀씨(포자)를 통해 번식해요.

## 생산자, 소비자, 분해자

생태계는 크게 생산자, 소비자, 분해자로 이루어져 있어요. 식물은 생태계의 첫 단계인 생산자로서 중요한 일을 해요. 스스로 광합성을 통해 영양분을 얻고 식물을 먹는 다른 생물에게 에너지를 제공하지요.

소비자는 다른 생물을 먹으며 에너지를 얻는 생물을 말해요. 식물을 먹고 사는 초식동물, 초식동물을 먹고 사는 육식동물은 모두 소비자이지요. 우리 인간도 생태계의 소비자예요.

소비자나 생산자가 죽으면 분해자가 이를 분해하여 다시 자연으로 돌려보내요. 버섯, 곰팡이와 같은 균류는 분해자에 속해요. 분해자가 있기 때문에 생태계가 순환하는 거랍니다.

## 어휘 퀴즈

대부분의 식물은 빛이 없으면 □□□을 하지 못해 시들어 버린다.

녹색식물이 빛 에너지와 이산화탄소, 수분으로 영양분을 만드는 것을 말해요.

## 상식 더하기

### 생태계의 순환

‘생태계의 순환’은 생태계에서 에너지가 이동하면서 조화롭게 상호작용하는 것을 말해요. 태양 에너지를 통해 생산자인 식물이 자라나고, 식물을 먹고 동물이 살아가고, 죽은 동식물이나 배설물을 분해자가 다시 식물에게 돌려보내는 식으로 순환된답니다.

## 상식 퀴즈

생태계의 역할과 종류를 알맞게 연결해 보세요.

| | |
|---|---|
| 생산자 • | • ① 버섯, 곰팡이  |
| 소비자 • | • ② 나무, 꽃  |
| 분해자 • | • ③ 사슴, 호랑이  |

정답 광합성 | 생산자-②, 소비자-③, 분해자-①

# 30 점점 사라지는 나라가 있다?

지구온난화로 지구가 뜨거워지고 있어요. 기온이 올라가면서 북극과 남극의 빙하가 녹고, 바닷물이 많아지면서 해수면이 상승하지요. 해수면 상승은 지구의 모든 생명체에 직접적인 영향을 미치는 환경문제예요.

## 점점 사라지는 투발루

투발루는 남태평양에 있는 작은 섬나라로, 해수면 상승으로 인해 사라질 위기에 처해 있어요. 투발루는 해발 고도가 2m 이하로 낮아서 해수면 상승에 **취약**해요. 국민의 20%는 이미 투발루를 떠났고, 남아 있는 주민들도 기후 난민이 될 상황이지요. 투발루뿐 아니라 파나마, 방글라데시, 몰디브와 같은 나라들도 물에 잠길 위험이 높은 나라예요. 삼면이 바다로 둘러싸인 우리나라도 해수면 상승에 영향을 받을 수 있어요.

## 지구온난화를 막기 위한 다양한 노력

해수면 상승을 막으려면 지구온난화를 막아야 해요. 화석연료 사용을 줄이고 에너지를 절약해 탄소 발생을 최소화해야 해요. 태양광, 풍력, 수력 등의 친환경 에너지를 개발해야 해요. 탄소를 흡수하고 산소를 제공하는 숲, 열대우림 등의 자연을 잘 보존하는 것도 중요하지요.

## 어휘 퀴즈

이곳은 비가 많이 오면 쉽게 물에 잠기는 홍수에 □□한 지역이다.

무르고 약하다는 뜻이에요.

## 상식 더하기

### 탄소 발자국

‘탄소 발자국’은 사람들의 활동으로 직접 또는 간접적으로 발생되는 온실가스 총배출량을 의미해요. 주로 이산화탄소 배출량을 기준으로 측정되지만, 메탄, 아산화질소 등 다른 온실가스도 포함될 수 있어요. 탄소 발자국을 줄이기 위해 개인, 기업, 정부 모두가 함께 노력해야 해요.

## 상식툰

정답 취약

# 31 물티슈가 플라스틱이라고?

물티슈는 어디든 가지고 다닐 수 있고, 무엇이든 쉽게 닦을 수 있어 편리해요. 그런데 물에 적신 휴지인 줄만 알았던 물티슈가 플라스틱으로 만들어졌다는 사실을 알고 있나요?

## 물티슈의 문제점

물티슈가 휴지처럼 종이와 같은 재질로 만들어졌다고 생각하는 사람들이 많아요. 하지만 대부분의 물티슈에는 폴리에스터, 폴리프로필렌과 같은 플라스틱 섬유가 들어 있어요. 잘 찢어지지 않게 하기 위해서 이런 섬유를 넣어 만든 거예요. 이렇게 플라스틱이 포함된 물티슈는 다른 플라스틱과 마찬가지로 자연에서 분해되는 데 굉장히 오랜 시간이 걸려요. 또 재활용도 되지 않고, 미세 플라스틱을 배출하여 환경을 파괴해요.

## 미세 플라스틱의 문제점

'미세 플라스틱'이란 크기가 5mm 이하인 아주 작은 플라스틱 조각을 말해요. 하천과 바다로 흘러든 미세 플라스틱은 해양 생물이 **섭취**하게 돼요. 그런데 그 크기가 너무 작아서 몸 밖으로 배출되지 않고 체내에 축적되는 것이 문제지요. 이는 해양 생물의 건강을 해치고, 먹이사슬을 통해 결국 우리의 건강까지 영향을 주게 돼요. 미세 플라스틱은 질병을 일으키고 사람들의 건강을 위협하지요. 최근에는 미세 플라스틱이 심지어 아동 자폐율을 높인다는 연구 결과도 나왔어요. 모두의 건강을 위해 플라스틱 제품 사용을 줄여야겠지요?

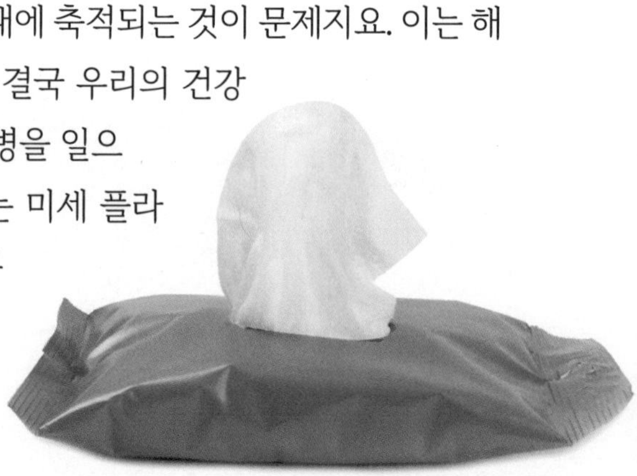

## 어휘 퀴즈

탄산음료를 지나치게 □□하면 건강에 좋지 않다.

생물체가 음식을 먹거나 양분을 몸속에 빨아들인다는 뜻이에요.

## 상식 더하기

플라스틱 하면 딱딱한 블록이나, 일회용 접시 형태를 생각하기 쉬워요. 하지만 플라스틱은 우리가 쉽게 생각하지 못하는 것에도 널리 사용되고 있어요. 양말, 수영복, 속옷 등에 쓰이는 나일론, 폴리에스터 같은 섬유도 플라스틱이에요. 또한 일부 치약, 피부 각질을 정리하는 스크럽제, 종이 영수증의 코팅, 아기들이 입는 기저귀 등도 플라스틱 소재를 사용한 경우가 많아요.

## 난센스 퀴즈

충청도 사람에게 물을 튀기면?

정답 섭취 | 물티슈

# 32 재활용이 안 되는 플라스틱이 있다?

환경을 보호하고 자원을 절약하기 위해 재활용을 해야 한다는 것은 누구나 잘 알고 있을 거예요. 그런데 재활용이 아예 되지 않는 플라스틱이 있다는 것도 알고 있었나요?

## 재활용이 되지 않는 플라스틱

재활용이 가능한지를 확인하려면 '플라스틱 재질 분류 마크'를 찾아보면 돼요. 1~7까지의 숫자가 적힌 국제 표준 마크를 기준으로 할 때 숫자 1번과 2번은 일반적으로 재활용이 쉬운 플라스틱이에요. 3~7번은 재활용이 어려운 경우가 많아요. 그리고 재활용이 가능한 플라스틱이라 해도 오염 물질이 묻어 있으면 재활용되지 않아요. 플라스틱 용기를 깨끗이 닦아서 배출해야 하는 이유지요. 또한 크기가 너무 작은 플라스틱도 재활용이 되지 않아요. 일회용 빨대나 얇은 비닐봉지 등은 다시 사용할 수 없는 일반 쓰레기예요.

## 올바른 플라스틱 사용법

이처럼 대부분의 플라스틱은 재활용이 어려워요. 편리하지만 환경을 오염시키는 **주범**인 것이지요. 종이, 유리, 금속 등 재활용하기 쉬운 재료를 사용하여 플라스틱 사용을 줄여야 해요. 빨대처럼 없어도 큰 불편이 없는 제품은 되도록 사용하지 않는 것이 좋고, 마트에 갈 때 장바구니를 챙겨 비닐봉지 사용을 줄이도록 노력해야 해요.

## 어휘 퀴즈

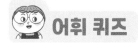

지나친 플라스틱 사용은 토양오염의 □□이다.

어떤 일에 대해서 좋지 않은 결과를 만드는 주된 원인을 말해요.

## 상식 더하기

### 쓰레기 종량제

쓰레기를 무분별하게 버리면 환경에 나쁜 영향을 줘요. 그래서 우리나라에서는 쓰레기 배출량을 줄이기 위해 '쓰레기 종량제'를 시행하고 있어요. 쓰레기를 버릴 때는 지역마다 정해진 종량제 봉투를 구매해서 그 안에 쓰레기를 넣어 버려야 해요. 배출한 쓰레기의 양이 많다면 종량제 봉투도 많이 필요하니 더 큰 비용을 내야 하는 것이지요.

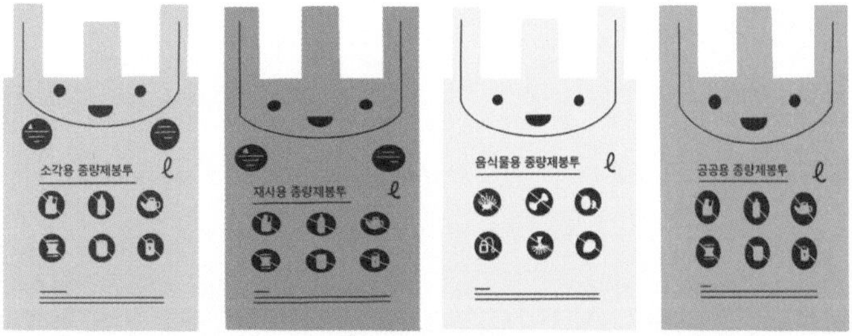


## 상식 퀴즈

다음 중 재활용이 가능한 것에 ○ 하세요.

정답 주범 | 페트병

# 33 지문은 정말 다 다를까?

요즘은 출입문을 열 때 지문을 사용하는 것이 흔해졌어요. 스마트폰에서도 패턴이나 비밀번호 대신 지문을 사용하는 경우가 많아요. 이는 지문의 모양이 사람마다 달라 개인 정보를 보호할 수 있기 때문이에요.

## 사람마다 다른 지문의 모양

'지문'은 사람의 손가락 끝에 있는 독특한 모양의 패턴을 말해요. 사람마다 지문이 모두 다르기 때문에 지문은 신분을 확인하는 데 매우 유용해요. 지문은 태아가 어머니의 뱃속에 있을 때 만들어지는데 일란성 쌍둥이도 서로 다른 지문을 가지고 태어나요. 또한 나이와 상관없이 평생 변하지 않기 때문에 한번 등록해 놓으면 지문을 통해 사람을 식별하는 것이 가능해요. 이러한 지문의 **고유성** 때문에 보안 시스템이나 범죄 수사 등의 분야에서 지문 인식 기술이 이용돼요.

## 지문과 같은 역할을 할 수 있는 것은?

지문과 같은 특성을 지닌 신체 부위로 홍채가 있어요. 홍채는 눈에 있는 도넛 모양의 막으로 중앙에 동공(눈동자)이 있어요. 눈으로 들어오는 빛의 양을 조절해 주는 홍채에도 사람마다 고유한 패턴이 있어요. 지문처럼 모든 사람이 각자 다른 패턴을 가지고 있으며 평생 변하지 않아요. 홍채 인식은 높은 정확도를 자랑하고, 위조가 매우 어렵기 때문에 이를 활용한 보안 시스템이 널리 사용되고 있지요.

## 어휘 퀴즈

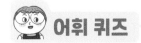

사람은 모두 자기만의 □□□을 지니고 있다.

어떤 사물이 본래부터 가지고 있는 특유한 속성을 말해요.

## 상식 더하기

**실종 방지를 위한 지문 사전 등록**

경찰에 지문과 얼굴 사진, 기타 신상 정보를 등록하는 서비스를 '지문 사전 등록'이라고 해요. 자신의 개인 정보에 대해 설명하기 어려운 어린아이나 장애가 있는 사람, 치매 환자들이 실종되었을 때를 대비한 것이지요. 경찰서나 지구대, 파출소에서 신청할 수 있으며 어린이들을 위해 담당 경찰관들이 어린이집이나 유치원에 찾아와 접수해 주기도 해요.

## 미로 찾기

어느 도둑의 지문입니다. 도둑을 잡으러 미로를 통과해 보세요.

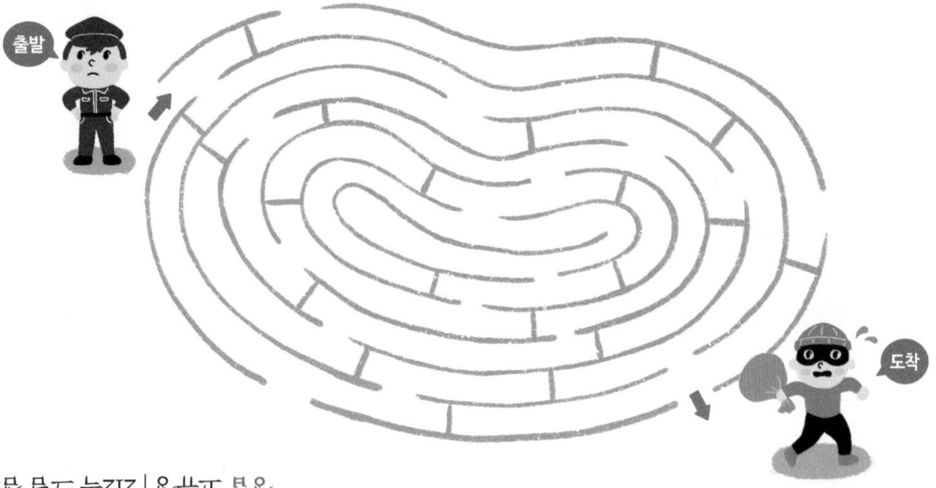


정답 고유성 | 미로찾기 그림 참고

# 34 감기 걸리면 왜 열이 날까?

사람의 체온은 36~37.5℃가 정상이에요. 그런데 감기에 걸려 몸이 아프면 열이 나면서 체온이 올라가요. 38℃ 이상으로 체온이 올라가면 머리가 아프고, 체온이 더 올라가면 병원에 입원을 해야 할 수도 있어요.

## 열은 우리 몸이 열심히 싸우고 있는 증거

감기에 걸리는 이유는 감기 바이러스가 몸에 들어왔기 때문이에요. 우리 몸을 지키는 면역 세포들이 바이러스를 몰아내려고 싸우면 염증 반응이 일어나요. 이때 체온이 상승하면서 바이러스는 힘을 잃고 면역 세포는 더 잘 싸울 수 있게 돼요. 그래서 열이 나는 것은 나쁜 것이 아니에요. 우리 몸이 바이러스와 잘 싸우고 있다는 증거인 것이지요. 하지만 고열이 지속된다면 몸속 수분이 지나치게 많이 빠져나가는 탈수 증상을 일으킬 수 있고, 몸에 무리가 가요. 이때는 해열제를 먹거나 의사의 진료를 받아야 해요.

## 우리 몸을 보호하기 위한 신체 반응들

콧물이나 눈물이 나는 것도 우리 몸을 보호하기 위한 반응이에요. 코나 눈으로 바이러스나 세균이 침입하거나, 꽃가루, 먼지와 같은 **유해 물질**이 들어오면 이를 막기 위해 신체가 반응하는 것이지요. 가래나 기침도 유해 물질을 몸 밖으로 내보내려는 몸의 자연스러운 반응이에요. 피곤할 때 졸음이 오는 것도 지친 몸을 푹 쉬게 하기 위한 반응이랍니다.

## 어휘 퀴즈

자동차 배기가스에는 사람의 몸에 좋지 않은 □□ □□이 들어 있다.

해로운 물질을 통틀어 이르는 말이에요.

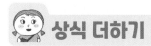

## 상식 더하기

**면역력을 높이기 위해서는 어떻게 해야 할까?**

면역은 우리 몸을 질병으로부터 보호하는 역할을 해요. 면역력을 높이기 위해서는 건강에 좋은 음식을 먹고 규칙적으로 운동하는 것이 가장 중요해요. 잠을 충분히 자고 스트레스를 줄이는 것도 좋은 방법이지요. 대부분의 병균이 손을 통해 들어오기 때문에 손을 깨끗이 씻는 것도 면역력을 높이는 방법이 될 수 있어요.

## 그림으로 배우기

올바른 손 씻기 6단계

출처 | 질병관리본부

1 손바닥과 손바닥을 마주 대고 문지르세요.

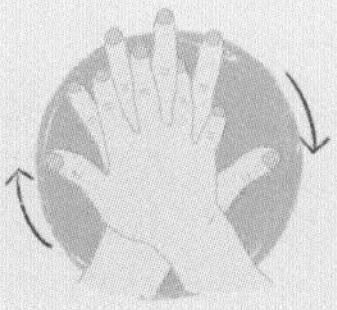

2 손등과 손바닥을 마주 대고 문지르세요.

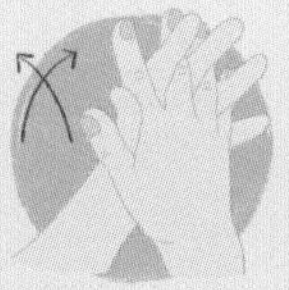

3 손바닥을 마주 대고 손깍지를 끼고 문지르세요.

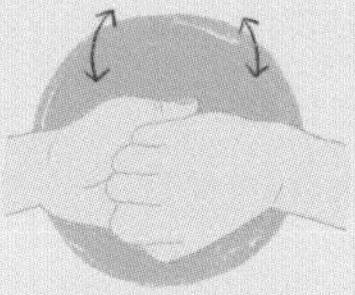

4 손가락을 마주 잡고 문지르세요.

5 엄지손가락을 다른 손바닥으로 돌리면서 문지르세요.

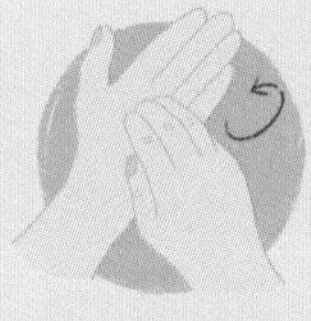

6 손가락을 다른 손바닥에 올려놓고 손톱 밑을 닦으세요.

정답 유해 물질

# 35 사람의 피는 왜 빨간색일까?

넘어지거나 다쳐서 피가 나 본 적이 있나요? 피가 빨간색이 아니라면 덜 무서울 것 같은데, 왜 피는 하필 빨간색인 걸까요?

## 사람의 피가 빨간색인 이유

사람의 피가 빨간색인 이유는 혈액 속 헤모글로빈이라는 단백질 때문이에요. 코로 들어온 산소는 혈액을 타고 우리 몸 구석구석으로 이동해요. 이때 헤모글로빈이 우리 몸을 돌아다니며 신선한 산소를 각 조직으로 전달하고, 몸속의 이산화탄소는 다시 폐로 **운반**해요. 이 헤모글로빈이 산소와 만나면 붉은색을 띠기 때문에 혈액이 붉은색으로 보이지요.

## 피가 빨간색이 아닌 동물도 있을까?

동물의 피도 대부분 빨간색이지만 다른 색 피를 가진 동물도 있어요. 문어, 오징어, 게, 새우 등의 피는 파란색이거나 색이 없어요. 이 동물들의 혈액 속에서 산소를 운반하는 물질은 헤모시아닌이라는 단백질인데, 헤모시아닌은 산소와 만나면 파란색, 산소가 떨어져 나가면 색이 없기 때문이에요. 이처럼 피의 색깔은 그 동물이 혈액 운반에 사용하는 단백질의 종류에 따라 결정돼요.

## 어휘 퀴즈

유리로 만들어진 물건은 □□할 때 깨지지 않게 조심해야 한다.

물건 등을 옮겨서 나른다는 뜻이에요.

## 상식 더하기

**투구게의 파란 피**

투구게는 바다에 사는 아주 오래된 생물인데, 생긴 모습이 마치 투구처럼 생겨서 이런 이름이 붙었어요. 투구게의 피는 빨간색이 아니라 파란색이에요. 투구게의 피가 특별한 것은 색깔 때문만이 아니에요. 투구게의 혈액에는 LAL이라는 물질이 포함되어 있는데 나쁜 독소와 만나면 응고되는 성질이 있어요. 이러한 성질은 의약품, 백신, 의료기의 안전성을 검사하는 데 중요한 역할을 해요.

## 난센스 퀴즈

사람들이 즐겨 먹는 피는?

정답 운반 | 커피

# 36 좋아하는 사람을 보면 왜 심장이 뛸까?

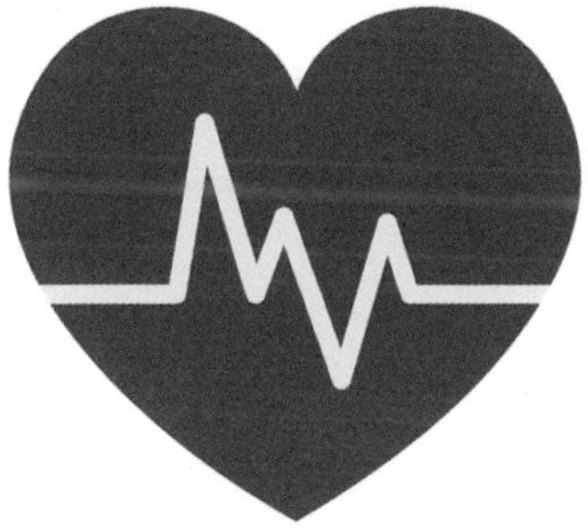

우리는 좋아하는 사람을 만나거나 설레는 마음이 들 때 가슴이 두근두근하고 심장이 콩닥콩닥하는 기분을 느낍니다. 좋아하는 사람을 보면 왜 이렇게 심장이 뛰는 걸까요?

## 우리 몸속의 특별한 화학물질

좋아하는 사람을 보면 심장이 뛰는 것은 우리 몸 안에 있는 특별한 화학물질 때문이에요. 우리 몸은 기분이나 감정에 따라 아드레날린, 도파민과 같은 **호르몬**을 분비해요.

'아드레날린'은 신나거나 긴장될 때 만들어지는 물질이에요. 이 물질은 뇌와 근육으로 가는 혈액을 늘려서 특별한 상황에 몸이 대비할 수 있게 해요. 좋아하는 사람이 옆에 있어 긴장이 되면 아드레날린이 분비되어 심장이 빨리 뛰는 것이지요. '도파민'은 우리가 기쁘거나 행복할 때 만들어지는 물질이에요. 도파민이 분비되면 기분이 좋아지고 집중력이 높아지면서 심장박동수가 증가해요.

## 심장박동수와 건강

신나는 일이 있을 때 심장박동수가 빨라지는 것처럼 스트레스가 높거나 불안하고 무서울 때도 심장박동수가 증가해요. 심장박동수가 일정하다는 것은 그만큼 마음이 평안하다는 뜻이기도 해서 심장박동수는 건강과도 큰 연관이 있어요. 심장이 너무 자주 빠르게 뛰는 것은 건강에 좋지 않아요. 일정하고 건강한 심장박동수를 유지하려면 규칙적인 운동과 건강한 식습관을 갖는 것이 중요해요. 충분한 수면과 스트레스 관리도 필요하지요.

## 어휘 퀴즈

사춘기가 되면 □□□의 영향으로 신체 변화가 나타난다.

동물의 몸 안에서 분비되어 신체 여러 기관에 영향을 미치는 화학물질을 뜻해요.

## 상식 더하기

**정상 심장박동수는 얼마일까?**

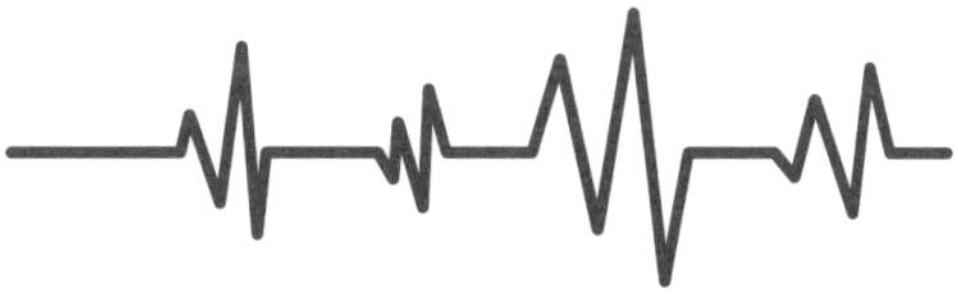

운동을 하지 않고 쉬고 있는 성인의 심장박동수는 보통 분당 약 60~100회 정도예요. 신생아는 분당 100~160회, 만 1세 미만의 영아는 90~150회, 2~5세 정도의 유아는 80~140회로 심장박동수는 어릴수록 더 많고, 성인이 될수록 적어요.

## 난센스 퀴즈

심장의 무게는?

무게를 재는 우리나라 전통 단위인 '근'을 생각해 보세요.

정답 호르몬 | 두근

# 37 코가 막히면 왜 맛을 못 느낄까?

감기에 걸려 코가 막혔을 때 아무것도 먹고 싶지 않았던 경험이 있나요? 코가 막혀 냄새를 맡지 못하면 맛도 잘 느끼지 못해요. 코가 막힌다고 혀가 아픈 것도 아닌데 왜 맛이 제대로 느껴지지 않는 걸까요?

## 함께 일하는 오감

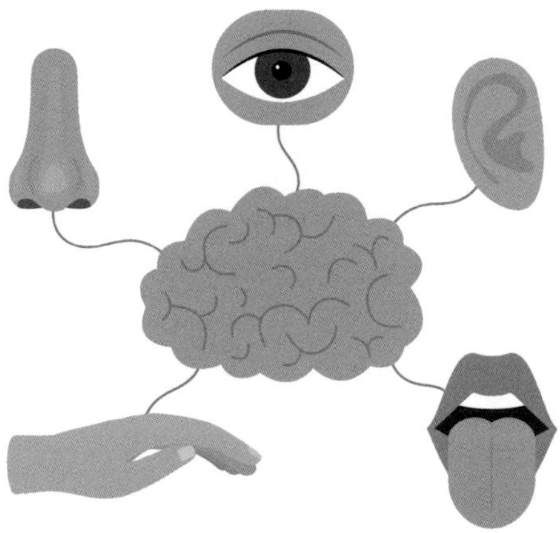

오감이란 우리가 주변의 세상을 인식하고 이해하는 데 사용하는 다섯 가지 감각이에요. 눈으로 보는 시각, 귀로 듣는 청각, 냄새를 맡는 후각, 맛을 보는 미각, 피부로 만지는 촉각을 말하죠. 우리의 오감은 함께 일하는 경우가 많아요. 귀로 말소리를 들으면서 눈으로 입 모양을 보는 것, 코로 냄새를 맡으며 혀로 맛을 보는 것처럼요. 이렇게 여러 감각이 함께 일할 때 우리는 보다 정확하게 느낄 수 있어요.

## 코가 막히면 맛을 못 느끼는 이유

미각을 담당하는 혀는 단맛, 짠맛, 신맛, 쓴맛과 같은 맛을 느끼게 해 줘요. 하지만 보다 정확하고 복잡한 맛을 알아차리게 해 주는 것은, 음식의 고유한 향기를 맡는 후각이에요. 코로 느끼는 냄새와 혀에서 느끼는 맛이 합쳐져 음식 맛의 **미묘한** 차이까지 알아차릴 수 있는 거지요. 그런데 코가 막히면 오로지 혀의 감각만으로 맛을 느껴야 하니 음식의 풍미를 온전히 느낄 수 없어요. 눈을 가려도 맛을 정확히 구분하기 어려운데, 음식을 먹을 때 시각도 한몫을 하기 때문이랍니다.

## 어휘 퀴즈

그 방에서는 어디서 나는지 모를 □□□ 향기가 났다.

뚜렷하지 않고 이상하고 묘한 것을 말해요.

## 상식 더하기

**혀가 없는 동물은 맛을 어떻게 느낄까?**

일부 동물은 혀가 없거나 발달하지 않았어요. 그렇지만 다른 신체 부위를 통해 맛을 느낄 수 있어요. 예를 들어 파리는 음식을 딛고 있는 발로 맛을 느낄 수 있어요. 나비와 벌은 더듬이를 통해 꽃의 맛을 느낄 수 있지요.

## 상식 퀴즈

오감과 감각기관을 알맞게 연결해 보세요.

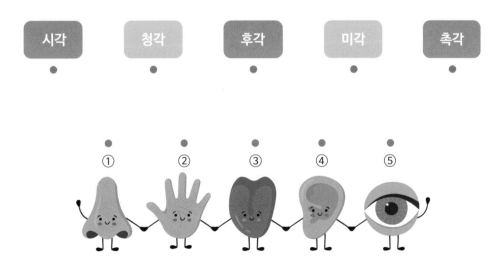

| 시각 | 청각 | 후각 | 미각 | 촉각 |
|---|---|---|---|---|

| ① | ② | ③ | ④ | ⑤ |
|---|---|---|---|---|

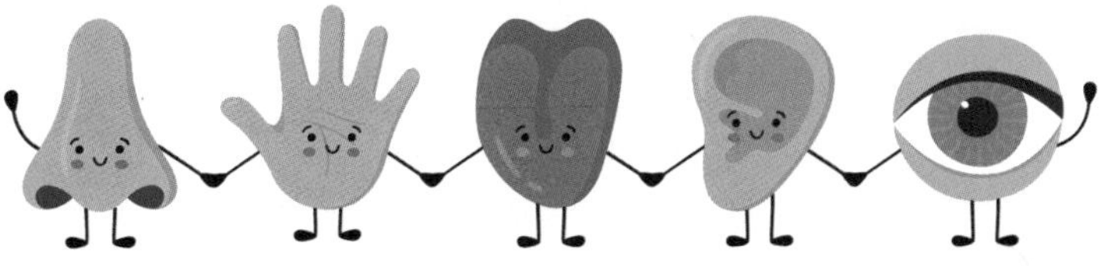

정답 미묘한 | 시각-⑤, 청각-④, 후각-①, 미각-③, 촉각-②

# 38 방귀와 트림은 왜 나올까?

음식을 먹은 후 나도 모르게 방귀나 트림이 나와 당황스러울 때가 있어요. 방귀와 트림은 왜 나오는 걸까요?

## 방귀는 왜 뀔까?

우리가 먹은 음식이 위와 장을 거쳐 몸으로 흡수되는 과정을 '소화'라고 해요. 음식은 입에서 위를 거쳐 장으로 내려가는데, 장에는 소화를 돕는 유익한 세균이 살고 있어요. 이 세균이 음식을 분해하는 과정에서 가스가 생기고, 이 가스가 항문을 통해 **배출**되는 현상이 방귀예요. 방귀를 뀌면 장에 있던 가스가 나가면서 배가 편안해져요. 탄수화물과 섬유질이 많은 고구마 같은 음식을 먹으면 방귀가 더 많이 나와요.

## 트림은 왜 할까?

트림도 방귀처럼 몸에 쌓인 가스가 배출되는 현상이에요. 음식을 먹거나 음료를 마실 때 공기를 함께 삼키게 되는데, 이 공기가 위에 차면 속이 더부룩하고 불편해져요. 그래서 이 공기를 트림으로 배출하는 것이지요. 음식을 빠르게 먹거나 빨대로 음료를 마시면 공기를 더 많이 삼키게 되어 트림이 많이 나와요. 그리고 탄산음료를 마셔도 위에 가스가 쌓여 트림이 많이 나오지요. 트림을 해서 위에 쌓인 공기가 배출되면 소화가 더 잘돼요.

방귀나 트림 모두 우리 몸이 소화를 더 잘하기 위해 일어나는 자연스러운 현상이에요. 가끔은 불편하거나 부끄러울 수 있지만 우리 몸이 정상적으로 작동하고 있다는 신호랍니다.

## 어휘 퀴즈

스컹크는 방귀를 □□할 때 지독한 냄새를 내뿜는다.

안에서 밖으로 밀어 보내거나 동물이 섭취한 음식물을 소화하여 항문으로 내보내는 일을 말해요.

## 상식 더하기

**동물도 방귀를 뀔까?**

방귀는 소화 과정의 자연스러운 결과물이기 때문에 동물들도 방귀를 뀌어요. 고기를 먹는 육식동물일수록 방귀 냄새가 더 심하고, 초식동물의 방귀는 냄새가 약한 편이에요. 스컹크처럼 자신을 방어하기 위해 방귀를 쓰는 동물도 있어요.

## 상식툰

정답 배출

# 39 예방주사를 맞으면 병에 걸리지 않을까?

병원이나 보건소에서 예방주사를 맞아 보았지요? 아픈 예방주사를 왜 꼭 맞아야 할까요? 예방주사를 맞으면 정말 병에 걸리지 않을까요?

## 예방접종의 원리

예방주사는 세균이나 바이러스로부터 우리 몸을 보호하도록 도와줘요. '백신'이라고도 부르지요. 그럼 백신에 우리 몸을 강하게 만드는 물질이 들어 있을까요? 그렇지는 않아요. 오히려 백신은 우리 몸에 바이러스나 세균을 넣어요. 약하게 만든 병원체를 몸에 넣어 그 병원체와 싸우는 방법을 연습하도록 하는 것이지요. 우리 몸은 한번 싸워 본 병원체는 쉽게 물리칠 수 있어서 그 질병에 걸리더라도 쉽게 이겨 내요. 그래서 예방접종을 하면 병에 걸리더라도 **증상**이 약하게 지나가는 거예요.

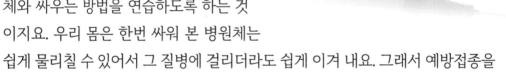

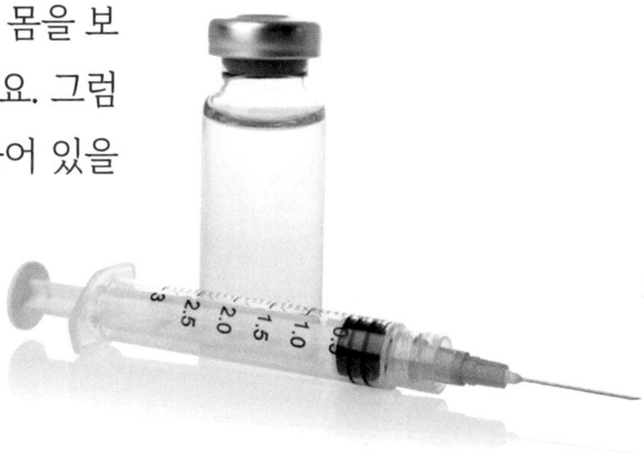

## 백신의 발명

백신은 언제 발명되었을까요? 옛날에 '천연두'라는 무서운 병이 있었어요. 그런데 18세기 영국의 에드워드 제너는 젖소의 젖 짜는 일을 하는 사람들은 천연두에 걸리지 않는다는 사실을 알게 되었어요. 소젖을 짜면서 우두라는 가벼운 병을 앓았던 사람은 천연두에 걸리지 않았던 것이지요. 그래서 제너 박사는 사람들에게 일부러 우두 바이러스를 주사했어요. 그랬더니 주사를 맞은 사람들은 천연두에 걸리지 않았죠. 가벼운 바이러스로 우리 몸이 면역 체계를 연습할 수 있다는 사실을 알게 된 거예요.

## 어휘 퀴즈

이번 감기는 열은 나지 않고 기침만 오래가는 □□이 있다.

병을 앓을 때 나타나는 여러 가지 상태나 모양을 말해요.

## 상식 더하기

**항생제는 언제 발명되었을까?**

'항생제'는 우리 몸에 해를 끼치는 세균의 활동을 억제하는 역할을 해요. 20세기 초 영국의 알렉산더 플레밍이라는 과학자가 발견했어요. 플레밍은 우연히 페니실린이 세균을 죽인다는 사실을 알게 되어 페니실린으로 몸속의 병균을 치료하는 항생제를 개발한 것이지요. 항생제의 발명으로 많은 사람들의 생명을 구할 수 있었어요.

## OX 퀴즈

이번 글을 읽고 알게 된 내용입니다. 사실인 것에 ○, 사실이 아닌 것에 × 하세요.

1 백신은 우리 몸에 바이러스나 세균을 넣는 것이다. □

2 예방접종을 하면 그 병에 절대 걸리지 않는다. □

3 천연두는 우두 바이러스를 통해 예방할 수 있다. □

정답 증상 | O, X, O

# 40 비행기를 타면 왜 귀가 먹먹해질까?

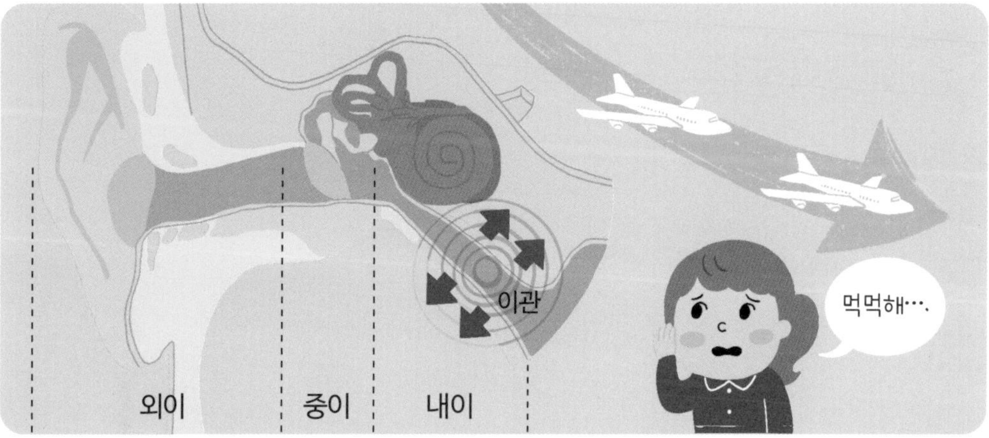


비행기나 고속 엘리베이터를 탔을 때 귀가 먹먹해진 적이 있나요? 높이가 급격하게 변하면 주변의 기압도 급격하게 변하게 되어 귀가 먹먹해질 수 있어요.

## 귀가 먹먹해지는 이유

'기압'이란 공기가 지구 표면에 가하는 압력을 말해요. 지구가 물체를 잡아당기는 힘인 중력은 공기도 끌어당기고 있어요. 그래서 땅에서는 기압이 높고, 높은 곳에 올라갈수록 기압이 낮아져요.
우리 귀에는 고막 안쪽에 중이와 내이라는 공간이 있는데 이 둘을 연결하는 이관은 기압 변화를 **조절**하는 역할을 해요. 그런데 비행기 이륙, 착륙과 같이 급격하게 고도가 변하면 이관이 변화를 따라가기 어려워 압력 차이가 발생해요. 이로 인해 고막이 팽창하거나 수축하면서 귀가 먹먹해지는 느낌을 받게 되는 것이죠.

## 해결 방법

이렇게 귀가 먹먹해질 때는 침을 삼키거나 물을 마시는 동작을 반복하면 이관이 열리면서 먹먹함이 사라져요. 하품을 하거나 껌을 씹는 것도 도움이 되지요.

## 어휘 퀴즈

그 책상은 높이를 □□할 수 있다.

균형이 맞게 바로잡거나 적당하게 맞추어 나가는 것을 뜻해요.

## 상식 더하기

**높은 산에서 나타나는 고산병**

'고산병'은 높은 산에 올랐을 때 기압이 낮고 산소가 부족해서 생기는 증상이에요. 산소 농도가 낮으면 두통, 피로감, 구토, 어지러움이 나타날 수 있어요. 특별한 치료법이 없기 때문에 증상이 나타나면 등산을 중지하고 내려가는 것이 가장 좋은 방법이에요.

## 미로 찾기

종이비행기가 날아가는 길을 따라
도착점까지 길을 찾아보세요.

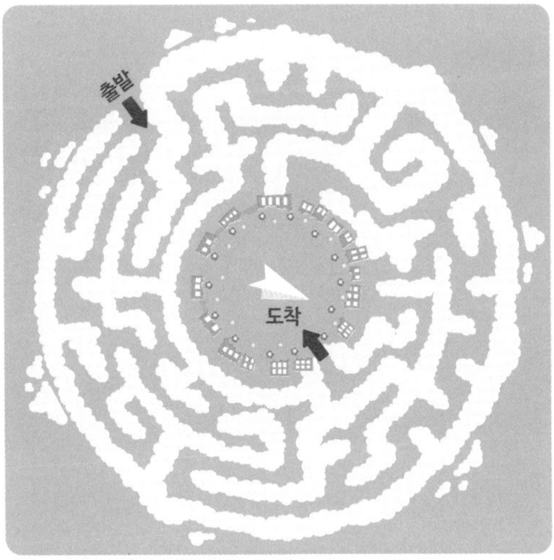


정답 조절 | 212쪽 그림 참고

과학 상식 자연 사회 문화

# 41 태풍의 이름은 어떻게 지을까?

"필리핀 해상에서 발생한 태풍 개미가 우리나라로 접근하고 있습니다." 이런 뉴스를 들어 본 적이 있나요? 거대한 태풍에 왜 '개미'라는 이름이 붙은 걸까요?

## 태풍이란?

'태풍'은 풍속 17m/s(초속 17미터) 이상의 강한 비바람을 동반하는 열대성 저기압을 뜻해요. 보통 27℃ 이상인 열대 해상에서 발생하며, 발생부터 **소멸**까지 7~10일 정도가 걸리지요. 태풍은 가뭄을 해소하고 바닷물을 뒤집어 순환하게 해 주는 순기능도 있지만 강력한 비바람으로 큰 피해를 입히기도 해요. 우리나라에는 대체로 7월부터 9월 사이에 태풍이 지나가지요.

## 태풍의 이름은 어떻게 지을까?

태풍의 이름은 세계기상기구(WMO)의 태풍위원회에서 미리 정한 목록에 의해 결정돼요. 태풍위원회는 아시아와 태평양 지역의 14개 회원국으로 구성되어 있으며, 각 회원국은 태풍 이름 목록에 자국의 이름을 제출해요. 태풍의 피해가 크지 않기를 바라며 순한 동식물의 이름을 붙인대요. 우리나라는 개미, 나리, 수달, 너구리, 메기, 장미, 고니, 제비, 나비, 노루 등의 이름을 냈어요. 이렇게 제출된 이름을 정해진 순서에 따라 사용하는데 만약 태풍이 심각한 피해를 주면 그 이름은 영구적으로 쓸 수 없게 돼요. 우리나라가 제출했던 이름 '매미'는 2003년 태풍 매미가 너무 큰 피해를 입혀 퇴출되었어요.

## 어휘 퀴즈

스마트폰의 발달로 집 전화기는 점차 □□의 길을 걷게 되었다.

사라져 없어짐을 뜻하는 말이에요.

## 상식 더하기

### 강풍의 여러 가지 이름

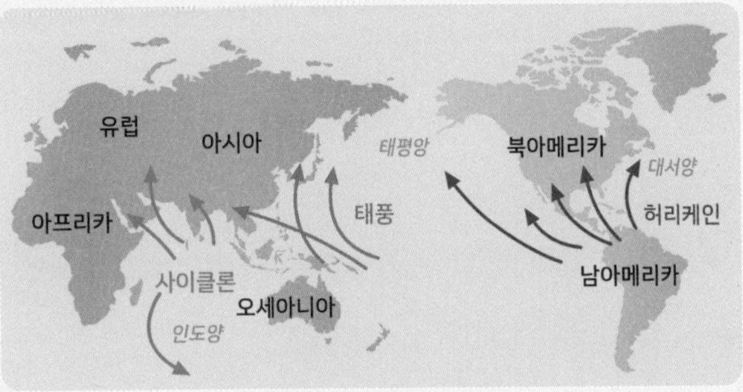


태풍과 같이 강한 바람을 동반하는 열대성 저기압은 세계 곳곳에서 발생해요. 그런데 발생하는 지역에 따라 불리는 이름이 각기 달라요. 북태평양 서부에서 발생하는 것은 '태풍(Typhoon)', 북중미 지역에서 발생하는 것은 '허리케인(Hurricane)', 인도양에서 발생하는 것은 '사이클론(Cyclone)' 등으로 불려요.

## OX 퀴즈

이번 글을 읽고 알게 된 내용입니다. 사실인 것에 ○, 사실이 아닌 것에 × 하세요.

1. 우리나라에는 태풍이 여름철에 많이 와요. □
2. 태풍은 사람들에게 피해만 끼치는 무서운 자연현상이에요. □
3. 태풍에는 강하고 멋진 동식물의 이름을 붙여요. □

정답 소멸 | O, X, X

# 42 구름은 어떻게 하늘에 떠 있을까?

만화영화나 그림책에서 주인공이 구름을 타고 날아다니는 장면을 본 적이 있나요? 하늘에 뭉게뭉게 떠 있는 구름을 보면 구름을 타고 싶다는 생각이 들 때가 있어요. 구름은 어떻게 하늘에 떠 있을까요?

## 구름은 어떻게 만들어질까?

구름은 바다, 호수, 강 또는 땅 위의 물이 수증기로 증발해서 만들어져요. 수증기가 된 물은 하늘로 올라가지요. 그러다가 대기의 온도가 낮아지면 작은 물방울이나 얼음 결정으로 바뀌어 구름이 돼요. 구름을 **형성**하는 물방울이나 얼음 결정은 아주 작고 가벼워서 공기 속에 떠 있을 수 있어요. 그래서 바람의 움직임에 따라 하늘을 둥둥 떠다니는 것이지요. 마치 바람 따라 둥실둥실 떠다니는 풍선처럼요. 그러다가 물방울의 양이 많아져 구름이 무거워지면 비가 되어 땅으로 쏟아지는 거예요.

## 구름을 만질 수 있을까?

솜처럼 생긴 구름을 만지거나 위에 올라타면 푹신한 기분이 들 것 같지만 사실 그건 상상 속에서만 가능한 일이에요. 우리가 구름 속에 손을 넣는다면, 차가운 공기와 습기만 느껴질 거예요. 구름은 아주 작은 물방울이나 얼음 결정이 모여 있는 형태이므로 만지거나 잡을 수 없답니다.

## 어휘 퀴즈

옛날에는 강 주변으로 마을이 □□되었다.

어떤 형상을 이루는 것을 말해요.

## 상식 더하기

**안개는 어떻게 생길까?**

이른 아침 강 주변이나 바다 주변에는 뿌연 안개가 잘 생겨요. 안개가 생기는 이유는 물가 주변의 수증기가 찬 공기를 만나 작은 물방울로 변하기 때문이에요. 안개는 구름과 비슷한 원리로 형성되지만, 구름은 하늘 위에, 안개는 땅 가까이에 발생한다는 차이점이 있어요. 안개가 낀 날에는 앞이 잘 보이지 않기 때문에 안전에 유의해야 해요.

## 난센스 퀴즈

개는 개인데 잡을 수 없는 개는?

정답 형성 | 안개

과학 상식 자연 사회 문화

# 43 눈은 왜 흰색일까?

겨울이면 눈이 내려 온 세상을 하얗게 뒤덮어요. 구름 속 물방울들이 기온이 낮을 때 눈으로 바뀌어 땅으로 떨어지는 거예요. 그렇다면 물은 투명한데 눈은 왜 흰색일까요?

## 눈 결정의 다양한 모양

하얀 눈송이를 현미경으로 확대해 보면 투명한 눈 결정을 볼 수 있어요. 눈꽃이라고도 불리는 눈 결정은 대부분 육각형이에요. 하지만 그 세밀한 모양은 모두 다르지요. 눈마다 각각 아주 아름답고 **정교**한 무늬를 가지고 있어요. 이렇게 눈 결정의 모양이 다른 이유는 눈이 만들어질 때의 기온과 수증기의 양이 그때그때 다르기 때문이에요. 온도가 낮고 수증기가 많을수록 더욱 복잡하고 정교한 모양을 갖게 돼요. 춥고 습한 날씨일수록 눈 결정의 모양이 복잡하지요.

## 눈이 하얗게 보이는 이유

눈 결정은 투명한데 우리가 보는 눈이 흰색인 이유는 눈 결정들이 빛을 반사하기 때문이에요. 정교하면서도 복잡한 눈 결정은 빛을 잘 반사시켜요. 빛의 색은 혼합하면 흰색으로 보이는 성질이 있지요. 눈 결정이 빛을 여러 방향으로 반사하면 모든 색의 빛이 섞여 우리 눈에는 흰색으로 보인답니다.

## 어휘 퀴즈

그 그림은 섬세하고 □□한 무늬가 아름다운 작품이다.

솜씨나 기술이 정밀한 것 또는 내용이나 구성이 정확하고 치밀한 것을 말해요.

## 상식 더하기

**빛의 3원색과 색의 3원색**

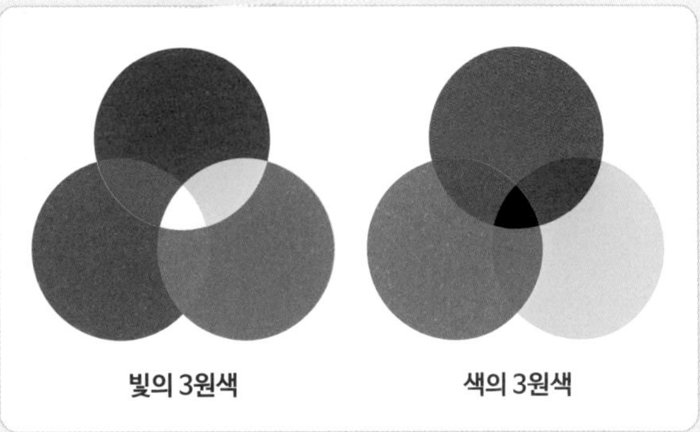


3원색은 여러 가지 색깔을 만들어 낼 수 있는 기본색을 말해요. 빨간색, 초록색, 파란색을 '빛의 3원색'이라고 하고, 자홍색, 청록색, 노란색을 '색의 3원색'이라고 해요. 그리고 이 색을 모두 섞으면 빛은 흰색으로 보이고 물감은 검은색으로 보여요.

## 같은 그림 찾기

같은 모양의 눈 결정을 찾아 각각 몇 개인지 써 보세요.

정답 | 5, 7, 6, 8

# 44 번개가 친 다음에 천둥이 치는 이유는?

## 호우주의보! 천둥·번개 동반 강한 비

천안과 보령에 호우주의보가 발효되었다. 기상청에 따르면 충남 전역에 돌풍과 천둥·번개를 동반한 시간당 30 mm 내외의 강한 비가 내릴 전망이다. 천둥과 번개가 칠 경우 안전을 위해 몇 가지 유의 사항을 지켜야 한다. ▲가능한 건물 안으로 빠르게 **대피**해야 하며, 건물이 없는 경우 차량 안으로 이동하는 것이 좋다. ▲피뢰침 역할을 할 수 있는 높은 나무 아래 있지 말아야 하며, 개방된 곳에서는 몸을 낮추고 물기가 없는 곳으로 대피해야 한다. ▲등산용 스틱이나 뾰족한 우산 같이 긴 물건은 몸에서 떨어뜨리는 것이 좋다. 특히 번개가 친 이후 바로 천둥소리가 들리면 번개가 매우 가까운 곳에서 발생하고 있다는 뜻이다. 이때는 가능하면 빨리 대피하는 것이 좋다.

빛은 속도가 아주 빨라 번개가 먼저 보이고, 천둥소리가 뒤따라 들린다. 번개와 천둥 사이의 시간을 재면 번개가 친 곳의 거리를 알 수 있다. 소리는 1초에 약 340m를 움직인다. 따라서 번개가 번쩍인 후 3초 뒤 우르르 쾅 하는 천둥소리가 들렸다면 1km 이내의 장소에 번개가 쳤다고 계산할 수 있다.

### 30-30 낙뢰 안전 규칙

번개를 본 후 천둥소리가 30초 이내에 울리면 10km 이내에서 번개가 치고 있다는 뜻이다. 따라서 즉시 안전한 장소로 피하고, 마지막 천둥소리를 들은 후 30분 뒤에 밖으로 나오는 것이 좋다.

## 어휘 퀴즈

학교에서 화재 경보가 울려 학생들이 운동장으로 □□했다.

위험이나 피해를 입지 않도록 일시적으로 피하는 것을 말해요.

## 상식 더하기

**피뢰침이란?**

'피뢰침'은 번개의 피해를 막기 위해 높은 곳에 설치하는 막대기로, 전기를 잘 끌어당기는 금속으로 만들어져 있어요. 번개가 떨어지면서 발생하는 전기를 안전하게 땅으로 전달해 주지요. 주변의 높은 건물이나 공공건물 등에 사람들의 안전을 위해 피뢰침이 설치되어 있어요.

## OX 퀴즈

천둥 번개가 칠 때 유의 사항 중 맞는 것에 ○, 틀린 것에 × 하세요.

1 천둥 번개가 치면 빠르게 큰 나무 아래로 대피하는 것이 좋다.

□

2 등산용 스틱이나 뾰족한 우산은 몸에서 떨어뜨리는 것이 좋다.

□

3 번개를 본 후 천둥소리가 30초 이내에 울리면 빨리 대피해야 한다.

□

정답 대피 | X, O, O

과학 상식 자연 사회 문화

# 45 무지개는 왜 일곱 색일까?

비가 온 뒤 햇빛이 나면 무지개가 반원을 그리며 하늘을 수놓아요. 무지개는 오래 전부터 사람들에게 신비로운 존재로, 많은 신화와 전설 속에도 등장하지요.

## 무지개는 왜 생길까?

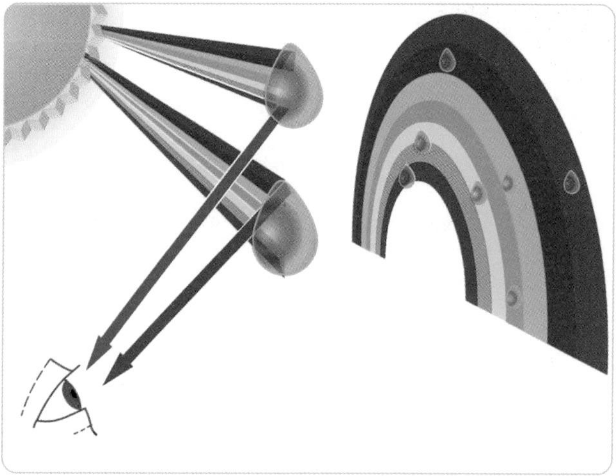

과학자들은 예술 작품에만 등장하던 무지개를 과학적으로 분석하기 시작했어요. 공기 중의 물방울에 빛의 방향이 꺾여 나타나는 **현상**이 무지개라는 것을 알아냈지요. 그래서 비가 온 직후 공기 중에 수증기가 많을 때 무지개가 잘 생기는 거예요.

## 무지개가 일곱 색인 이유

우리가 보는 햇빛은 사실 여러 가지 색깔로 이루어져 있어요. 평소에는 이 색들이 모두 섞여서 흰색처럼 보여요. 그런데 햇빛이 빗방울을 통과하면서 빛이 굴절될 때, 여러 빛이 서로 다른 각도로 휘면서 색이 분리되어 보이는 것이지요. 이러한 현상을 처음 밝혀낸 사람은 아이작 뉴턴이에요. 하얀빛이 프리즘을 통과할 때 여러 색상의 스펙트럼이 나타나는 원리와 무지개의 원리가 같다는 것을 알아냈어요. 뉴턴은 무지개에서 보이는 색을 빨간색, 주황색, 노란색, 초록색, 파란색, 남색, 보라색의 일곱 가지 색으로 구분했어요.

## 어휘 퀴즈

올해 여름은 유난히 열대야 □□이 자주 나타났다.

인간이 느낄 수 있는, 사물의 모양과 상태를 뜻해요.

## 상식 더하기

**빛의 굴절**

빛이 다른 물질을 만나는 경계 면에서 진행 방향이 꺾이는 현상을 '빛의 굴절'이라고 해요. 물속에 잠긴 숟가락이 구부러져 보이는 현상이나 물 밖에서 물속의 물체를 볼 때 수면에 더 가까워 보이는 현상 등이 빛의 굴절 때문에 일어나는 것이지요.

## 다른 그림 찾기

두 그림에서 서로 다른 10곳을 찾아보세요.

정답 현상 | 212쪽 그림 정답

# 46 사막여우와 북극여우의 귀는 왜 다를까?

'뽀로로'에 등장하는 사막여우 에디를 아시나요? 에디는 큰 귀가 특징이에요. 이렇게 우리에게 일반적으로 알려져 있는 여우의 모습은 귀가 큰 사막여우죠. 하지만 북극에 사는 여우는 귀가 작아요.

## 사막여우 vs 북극여우

사막여우는 아주 더운 사막에서 살아요. 사막은 낮 동안 기온이 높고 공기가 뜨겁기 때문에 이곳의 여우는 몸의 열을 빨리 식혀야 해요. 그래서 큰 귀로 열을 **방출**하지요. 귀를 통해 열이 빠져나가서 몸의 열을 식힐 수 있어요.

반면 북극여우는 아주 추운 북극에서 살아요. 북극은 기온이 낮기 때문에 북극여우는 몸의 열을 최대한 유지해야 하지요. 그래서 북극여우의 귀는 귀로 열이 빠져나가지 않도록 작고 둥글어요.

## 앨런의 법칙

추운 곳에 사는 동물의 귀, 코, 팔, 다리와 같은 끝부분이 작은 현상을 '앨런의 법칙'이라고 불러요. 앨런의 법칙은 생물학자 조엘 에이사프 앨런이 정립한 이론이에요. 이 법칙에 따르면 사는 곳의 기온이 낮을수록 열을 유지하기 위해 몸의 끝부분 길이가 짧아져요. 반대로 기온이 높을수록 열을 내보내기 위해 몸의 끝부분 길이가 길어져요. 추운 곳의 여우와 토끼는 귀가 짧고, 더운 곳의 여우와 토끼는 귀가 크고 긴 것은 바로 그런 까닭이지요.

## 어휘 퀴즈

운동을 하면 땀과 함께 열이 몸 밖으로 □□된다.

저장해 놓은 것이나 에너지를 밖으로 내놓는 것을 뜻해요.

## 상식 더하기

**환경에 적응한 동물들**

바다거북과 육지거북은 다리 모양이 다르게 생겼어요. 바다거북은 물에서 헤엄칠 수 있도록 다리가 지느러미처럼 변했어요. 몸은 헤엄치기에 유리한 유선형이지요. 그에 비해 육지거북은 발끝이 둥글고 짧아요. 등딱지가 위로 솟아 있어 위험에 처했을 때 그 속으로 머리와 다리를 넣어 자신을 보호할 수 있지요.

## 상식툰

정답 배출

# 47 2월은 왜 4년에 한 번 29일까지 있을까?

한 달이 며칠인지 알고 있나요? 1, 3, 5, 7, 8, 10, 12월은 31일까지 있고 4, 6, 9, 11월은 30일까지 있어요. 그리고 2월은 1년 중 가장 짧은 달로 28일까지 있는 해도 있고, 29일까지 있는 해도 있어요. 보통 2월은 28일까지 있지만 4년에 한 번은 29일까지 있어요. 만약 2월 29일이 생일이라면 4년에 한 번 생일이 돌아오는 거예요.

## 공전주기와 달력

왜 2월만 이렇게 날짜가 변하는 것일까요? 이유는 지구의 공전**주기** 때문이에요. 우리가 현재 사용하는 달력은 지구가 태양을 한 바퀴 도는 공전주기를 기준으로 만든 달력입니다. 태양력이라고 하지요. 공전주기 즉, 지구가 태양을 한 바퀴 도는 데 걸리는 시간은 약 365일이에요. 그래서 1년이 365일인 것이죠. 그런데 정확히 말하면 공전주기가 365일로 딱 떨어지는 것이 아니라 약 365.25일 정도예요. 그래서 0.25일씩 남았던 공전주기가 모여 4년에 한 번 하루가 더 생겨나게 되는 것이죠.

## 윤년과 윤일

그렇기 때문에 4년에 한 번은 1년이 365일이 아닌 366일이 돼요. 이렇게 2월에 하루가 더 생겨서 29일까지 있는 해를 '윤년'이라고 불러요. 4년에 한 번 돌아오는 2월 29일은 '윤일'이라고 부르지요. 2024년 2월 29일이 윤일이었고, 다음 윤일은 2028년 2월 29일이랍니다.

## 어휘 퀴즈

봄, 여름, 가을, 겨울은 1년을 □□로 반복된다.

같은 현상이나 특징이 한 번 나타나고 다음번 되풀이되기까지의 시간을 말해요.

## 상식 더하기

**양력 vs 음력**

우리가 사용하는 양력은 지구가 태양을 한 바퀴 도는 공전주기를 기준으로 만든 달력이에요. 그에 비해 우리나라의 전통 음력은 달이 지구를 도는 데 걸리는 시간을 기준으로 만든 달력이에요. 음력은 1년이 총 354일로 되어 있어서 양력과 비교하면 11일이 부족해요. 그래서 3년이 지나면 33일로 약 한 달 차이가 나요. 이 차이를 맞추기 위해 약 3년에 한 번씩 윤달을 추가해요.

## 난센스 퀴즈

1년 중 28일이 있는 달은?

정답 주기 | 12달 모두 있다.

과학 상식 자연 사회 문화

# 48 차가운 컵에는 왜 물방울이 맺힐까?

냉장고에서 차가운 물이나 음료를 꺼내면 물병에 물방울이 맺히는 것을 볼 수 있어요. 이 물방울은 어디에서 오는 걸까요?

## 물방울이 맺히는 이유

공기 중에는 우리 눈에 보이지 않지만 수증기가 떠다니고 있어요. '수증기'란 물이 증발하여 기체 형태를 띠고 있는 것을 말하지요. 공기 중의 수증기가 차가운 물체의 표면에 닿으면 액체인 물방울로 다시 변하게 돼요. 그래서 물병이나 컵 표면에 물방울이 맺히는 것이죠. 여름처럼 날씨가 덥고 습할수록 공기 중의 수증기가 많기 때문에 물방울도 더 많이 맺혀요. 이렇게 기체인 수증기가 공기 속을 떠다니다가 액체인 물로 변하는 과정을 '응결'이라고 불러요. 공기 중의 수증기가 차가운 잎사귀에 닿아 이슬이 맺히는 것도 같은 원리지요.

## 상태가 변하는 물

물은 온도나 압력에 따라 고체, 액체, 기체 상태로 모양을 바꿔요. 얼음이 물로 녹는 것을 융해, 물이 수증기로 변하는 것을 증발 또는 기화라고 해요. 수증기가 물이 되는 것을 응결, 물이 얼음이 되는 것을 응고라고 하지요.

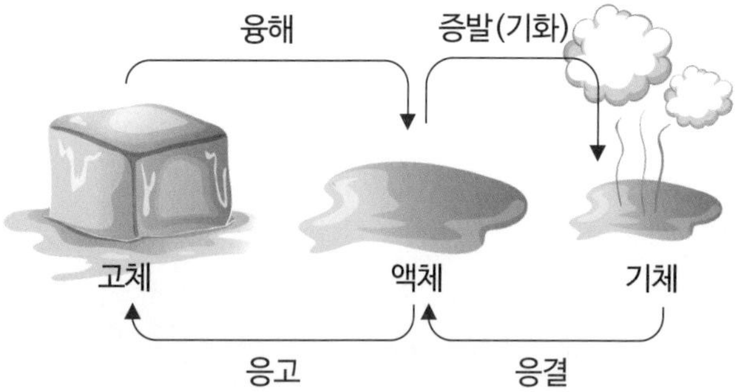


이러한 물의 상태 변화는 자연을 **순환**시키는 원리예요. 물이 기화되어 대기 중으로 올라가고, 응결하여 구름을 형성한 후 비가 되어 다시 지표로 떨어지는 과정을 통해 물의 순환이 이루어지는 것이랍니다.

## 어휘 퀴즈

물은 증발하여 수증기가 되었다가 식으면 물이 되는 □□을 거듭한다.

주기적으로 자꾸 되풀이하는 과정을 말해요.

## 상식 더하기

**물은 몇 도(°C)에서 상태가 변할까?**

액체인 물은 온도가 0°C 이하로 낮아지면 고체인 얼음으로 변해요. 그래서 기온이 낮은 겨울에는 호수나 연못이 얼어요. 반대로 온도가 100°C 이상으로 높아지면 물이 끓어요. 끓을 때 김이 나는 것을 볼 수 있는데, 물이 기체인 수증기가 되어 공기 중으로 사라지는 모습이에요.

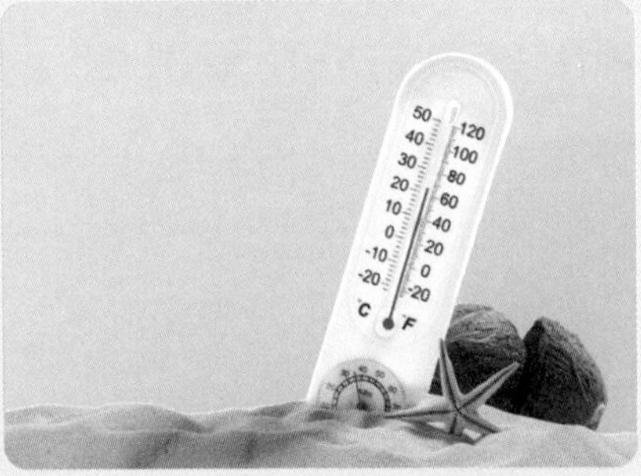

## 상식 퀴즈

다음의 상태를 그림과 알맞게 연결해 보세요.

| | |
|---|---|
| 고체 ● | ● ① 우유, 주스  |
| 액체 ● | ● ② 돌멩이, 지우개  |
| 기체 ● | ● ③ 수증기, 산소, 헬륨  |

정답 순환 | 고체-②, 액체-①, 기체-③

# 49 과자 봉지에 왜 질소를 넣을까?

과자 봉지를 뜯고 나서 잘 닫아 두지 않으면 과자가 **눅눅**하고 맛이 없어지는 것을 경험해 본 적 있지요? 방금 뜯은 과자는 바삭바삭하고 고소한데, 왜 뜯어 놓은 과자는 맛이 없을까요?

## 뜯어 놓은 과자가 맛이 없는 이유

과자 봉지를 뜯어 놓으면 과자가 공기와 접촉하게 돼요. 공기에는 수증기가 있어서, 과자가 수증기의 습기를 흡수하면서 바삭함이 사라져요. 그래서 습기가 많은 곳에 둘수록 과자는 더욱 눅눅하고 맛이 없어져요. 또한 공기 중의 산소와 과자의 기름기가 반응하면서 과자의 맛이 변해요. 과자를 뜯은 후에는 빨리 먹는 것이 좋고, 한 번에 다 먹지 못했다면 꼭 닫아서 보관하는 것이 좋지요.

## 과자 봉지 속 질소의 역할

과자 회사에서는 과자를 맛있게 유지하고 보호하기 위해 봉지 안에 비장의 무기 질소를 넣어요. 질소는 공기 중에 있는 가스 중 하나로, 산소와 달리 과자의 맛을 바뀌게 하지 않고, 습기를 흡수하지 않는 특징이 있어요. 그래서 과자 본래의 맛을 유지해 줘요. 또한 과자 봉지 안에 질소를 넣으면 봉지가 부풀어 올라 과자가 부서지지 않게 해요. 이렇게 질소는 공장에서 만들어진 과자를 소비자가 먹을 때까지 신선하고 안전하게 유지해 준답니다.

## 어휘 퀴즈

하루 종일 비가 내리니 집안이 □□□ 느낌이 들었다.

물기나 기름기 때문에 축축한 기운이 있는 것을 말해요.

## 상식 더하기

**공기 속에는 어떤 기체가 있을까?**

공기 속에는 질소, 산소, 아르곤, 이산화탄소, 수증기, 메탄, 오존 등의 다양한 기체가 섞여 있어요. 공기에서 가장 높은 비율을 차지하는 기체는 질소로, 공기의 약 78%를 이루고 있지요. 그리고 공기에는 우리가 숨을 쉴 때 꼭 필요한 산소도 약 21% 들어 있어요. 이러한 기체들은 생태계와 환경에 중요한 역할을 해요.

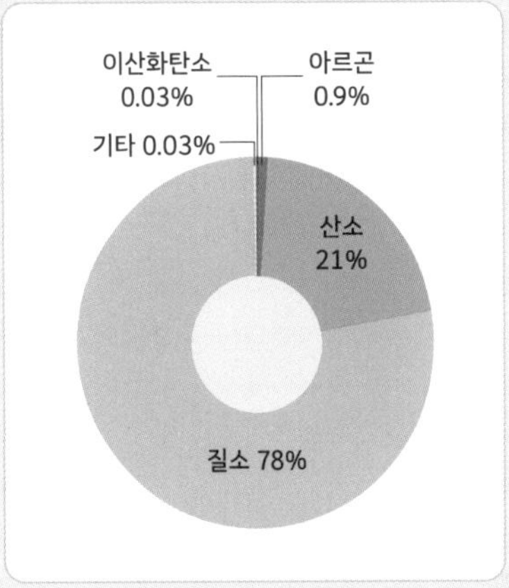


## 난센스 퀴즈

바나나가 웃으면?

정답 눅눅함 | 바나나킥

과학 상식 자연 사회 문화

# 50 헬륨 가스를 마시면 왜 목소리가 바뀔까?

풍선 놀이를 해 본 적 있지요? 풍선을 빵빵하게 불어서 잘 묶고 위로 던지면 바닥으로 내려앉아요. 그런데 생일 파티나 행사 때 사용하는 풍선은 공기 중에 떠 있어요. 풍선에 일반 공기가 아닌 헬륨 가스를 넣었기 때문이에요.

## 헬륨 가스의 특징

헬륨은 색깔도 없고, 냄새도 없지만 아주 특별한 기체예요. 우선 매우 가벼워 풍선에 넣으면 위로 떠올라요. 그래서 파티 풍선에 이용되지요. 또한 헬륨 가스를 마시고 말을 하면 일시적으로 목소리가 높아져서 재미있는 소리가 나요. 소리의 파동인 음파가 공기보다 헬륨 속에서 더 빠르게 전달되기 때문이에요. 목소리뿐 아니라 관악기에 헬륨 가스를 넣은 후 연주해도 더 높은 소리가 나요.

## 소리가 전달되는 원리

소리는 물체의 진동에 의해서 발생하고 그 진동이 주변의 물질을 타고 우리 귀에 전달돼요. 기타 줄을 튕기면 줄이 진동하고, 그 진동으로 생긴 소리가 공기를 통해 우리에게 전달되는 거예요. 그래서 같은 소리라도 어떤 **매질**(공기, 물, 고체)을 타고 전달되느냐에 따라 우리 귀에 다르게 들릴 수 있어요. 그래서 공기를 통해 전달되는 목소리와 헬륨을 통해 전달되는 목소리가 다르게 들리는 거예요.

## 어휘 퀴즈

빛은 어떤 □□을 통과하느냐에 따라 다르게 굴절된다.

물리적 작용을 한 곳에서 다른 곳으로 옮겨 주는 매개물을 말해요.

## 상식 더하기

### 우리 생활 속 기체의 활용

이산화탄소는 탄산음료의 톡 쏘는 맛을 내요. 또 불이 붙는 것을 방해해서 소화기로 쓰이기도 해요. 이산화탄소를 얼린 드라이아이스는 아이스크림이 녹지 않게 하는 데 쓰이지요. 이 밖에도 아르곤은 전구의 필라멘트를 보호하고, 네온은 조명 기구의 화려한 빛을 내는 데 쓰여요.

## 상식툰

정답 매개

# 51 AI가 만든 그림의 저작권은 누구에게 있을까?

## AI 창작물, 저작권 보호의 사각지대?

최근 인공지능(AI)을 활용한 글쓰기, 그림 그리기, 음악 작곡 등 다양한 창작 활동이 급증하고 있다. 생성형 AI 기술은 사용자 요구에 맞춰 글, 이미지, 음악, 코딩 등 다양한 결과물을 만들어 내는 능력을 보유하고 있어, 누구나 손쉽게 창작 작업을 수행할 수 있다. 그러나 AI 창작물에 대한 **저작권** 인정 여부를 두고 논란이 커지고 있다.

### 저작권에 대한 두 가지 시각

AI가 만든 창작물에 대해 저작권을 인정해야 하는가에 대한 논쟁은 두 가지 입장으로 나뉜다. 하나는 AI가 기존 저작물을 학습해 결과물을 만들어 내기 때문에 독창성이 부족하며, 따라서 저작권을 부여할 수 없다는 주장이다. 다른 하나는 AI는 단순한 도구에 불과하므로 이를 활용한 창작물도 인간의 창작 활동 중 일부로 보아야 한다는 반대 주장이다.

### 법적 보호의 공백, 해결책은?

현재 많은 국가에서는 AI가 창작한 결과물에 대해 저작권을 인정하지 않고 있다. 우리나라의 저작권법 역시 인간이 만든 창작물만 보호 대상으로 규정하고 있어, AI가 만든 작품은 저작권 보호 대상이 아니다. AI 창작물이 더욱 대중화됨에 따라 저작권 문제에 대한 논의는 앞으로도 지속될 전망이다. AI의 창작물이 어디까지 독창적이며 법적으로 보호받을 자격이 있는지에 대한 명확한 기준이 필요하다.

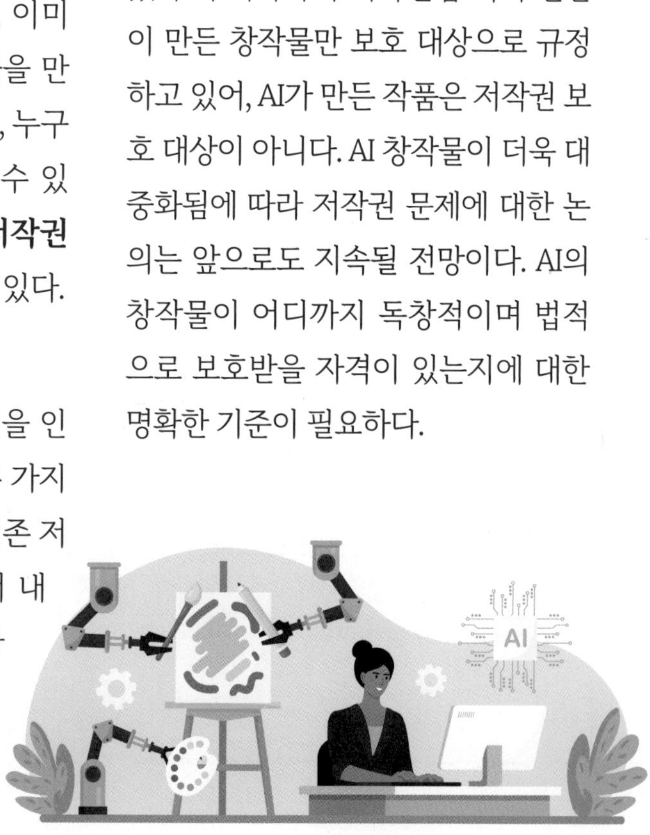

## 어휘 퀴즈

□□□이 있는 사진을 마음대로 SNS에 올리면 안 돼!

글, 그림, 노래 같은 창작물에 대하여 그것을 지은 사람으로서 가진 권리를 말해요.

## 상식 더하기

### ChatGPT(챗GPT)란?

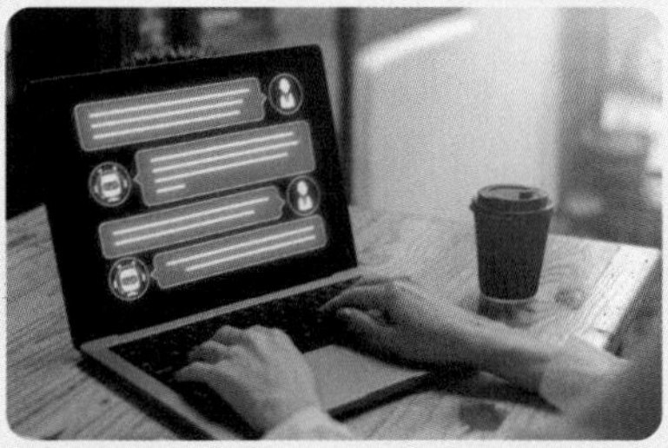

'ChatGPT'는 미국의 오픈AI라는 회사에서 만든 대화형 인공지능 프로그램이에요. 사람과 자연스럽게 대화하는 것처럼 말을 주고받을 수 있으며 원하는 스타일의 글을 써 주기도 해요. ChatGPT와 비슷한 AI로는 구글에서 개발한 바드(Bard), 마이크로소프트에서 개발한 빙(Bing), 한국형 AI 뤼튼(wrtn) 등이 있어요.

## OX 퀴즈

이번 글을 읽고 알게 된 내용입니다. 사실인 것에 ○, 사실이 아닌 것에 × 하세요.

1. 생성형 AI는 사용자의 요구에 맞춰 다양한 결과물을 만들어 내요. □
2. AI를 활용한 창작물에 대한 저작권 논란이 커지고 있어요. □
3. 우리나라의 저작권법은 AI가 만든 작품도 보호 대상으로 인정해요. □

정답 저작권 | O, O, X

과학 상식 자연 사회 문화

# 52 오로라는 왜 생길까?

오로라는 라틴어로 '새벽'이라는 뜻이에요. 주로 북극이나 남극 근처 하늘에서 초록색 **오묘한** 빛이 나타나는 현상을 말해요. 마치 하늘에 펼쳐진 마법 같지요.

## 오로라는 태양과 지구가 만들어 내는 마술!

오로라에 대해서는 아직 과학자들도 밝혀내지 못한 부분이 있어요. 하지만 지금까지 알려진 바로는, 오로라는 태양풍 때문에 생기는 현상이에요. 태양은 엄청나게 뜨거워서 끊임없이 핵폭발을 일으키는데 이때 태양에서 나온 작은 입자들이 태양풍을 만들어 내요. 한편 지구는 커다란 자석처럼 자기장이 있어서 태양풍으로부터 지구를 보호해요. 태양풍이 지구의 자기장에 부딪치면, 주로 북극이나 남극 같은 극지방으로 이동해요. 그 과정에서 지구 대기 속 산소나 질소 같은 기체들과 부딪치면서 빛이 발생하는데 그게 바로 오로라예요.

## 우리나라에서도 오로라를 볼 수 있을까?

오로라는 주로 북극 가까운 곳에서 자주 보여요. 왜냐하면 태양풍이 북극 근처에 더 집중되기 때문이에요. 우리나라는 북극에서 멀리 떨어져 있어서 오로라를 보기 어렵지만, 아주 드물게 태양 활동이 강해지면 볼 수 있을 때도 있어요.

## 어휘 퀴즈

깊은 산속에서 맑은 종소리를 들으니 □□□ 기분이 들었다.

아주 놀랍고 신비한 것을 말해요.

## 상식 더하기

**오로라가 가장 잘 보이는 곳은 어디일까?**

오로라는 10월에서 3월 사이 극지방에서 잘 볼 수 있어요. 미국 항공우주국(NASA)이 선정한 최고의 오로라 관측지는 캐나다 북부의 옐로나이프예요. 이곳에서는 1년 중 200일 정도 오로라를 볼 수 있다고 해요. 이 밖에도 노르웨이, 핀란드, 아이슬란드 등에서 오로라를 볼 수 있어요.

## 상식툰

정답 오묘한

# 53 계절마다 별자리가 달라지는 이유는?

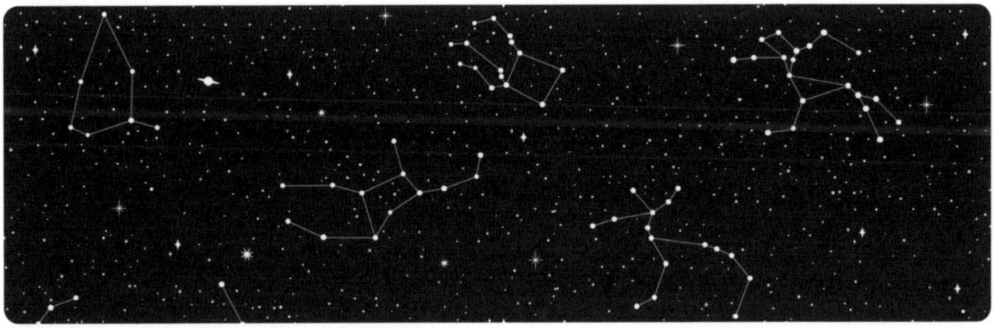

밤하늘에 반짝이는 별들을 관찰해 본 적이 있나요? 우주에는 수많은 별들이 있어요. 그중에서 밝은 별들을 연결해 동물이나 **신화** 속 인물의 이름을 붙인 것이 바로 별자리예요.

## 우리나라에서 볼 수 있는 별자리

우리나라에서는 큰곰자리, 작은곰자리, 카시오페이아자리를 일 년 내내 북쪽 하늘에서 볼 수 있어요. 계절마다 잘 보이는 별자리는 조금씩 달라져요. 봄에는 목동자리, 사자자리, 처녀자리가 잘 보이고, 여름에는 백조자리, 독수리자리, 거문고자리가 잘 보여요. 가을에는 물고기자리, 안드로메다자리, 페가수스자리가, 겨울에는 쌍둥이자리, 큰개자리, 오리온자리가 밤하늘을 장식해요.

## 계절마다 별자리가 달라지는 이유

계절마다 별자리가 달라지는 이유는 지구가 태양 주위를 돌고 있기 때문이에요. 지구는 하루에 한 번 자전하는 동시에 일 년에 한 번 태양 주위를 도는 공전을 해요. 지구가 공전하면서 위치가 달라지기 때문에 계절마다 보이는 별자리도 바뀌는 거예요. 만약 지구가 공전하지 않고 자전만 한다면 지구의 위치가 변하지 않기 때문에 밤마다 항상 같은 별자리를 보게 되겠지요.

## 어휘 퀴즈

고조선의 건국 □□에는 환웅과 웅녀의 이야기가 나온다.

신이나 영웅을 다룬 이야기 또는 세상이나 나라가 처음 생길 때의 이야기를 말해요.

## 상식 더하기

**천동설과 지동설**

옛날 사람들은 지구가 자전이나 공전을 한다는 사실을 알지 못했어요. 태양과 별이 지구 주위를 돈다고 생각했지요. 이렇게 지구가 우주의 중심이고 모든 천체가 지구 주위를 돈다고 주장하는 이론을 '천동설'이라고 해요. 반면 '지동설'은 태양이 우주의 중심이고 지구와 다른 행성들이 태양 주위를 돈다고 주장하는 이론이에요. 과학기술이 발달하면서 지동설이 인정받게 되었지요.

## 난센스 퀴즈

세상에서 가장 크고
반짝이는 국자는?

정답 신화 | 북두칠성

# 54 달의 모양은 왜 날마다 변할까?

밤하늘에 떠오르는 달은 날마다 그 모양이 조금씩 달라져요. 어떤 날에는 손톱처럼 얇은 달을 볼 수 있고, 또 어떤 날에는 크고 둥근 달을 볼 수 있어요.

## 달 모양 관찰하기

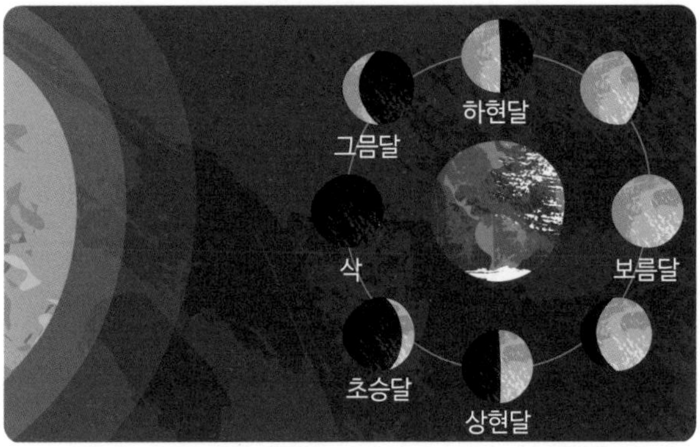


달의 모양을 관찰하려면 음력 달력을 사용하는 것이 좋아요. 음력 날짜는 달력의 날짜 아래쪽에 작은 글씨로 적혀 있어요. 이 음력 날짜에 맞춰 달을 보면 모양이 어떻게 달라지는지 알 수 있지요. 먼저 음력 1일은 삭이라고 해서 달이 우리 눈에 보이지 않아요. 음력 2~3일에는 손톱 모양의 초승달을 볼 수 있어요. 음력 7~8일에는 오른쪽이 둥근 반달인 상현달을, 음력 15일쯤에는 둥글고 꽉 찬 보름달을 볼 수 있어요. 음력 22~23일에는 왼쪽이 둥근 반달인 하현달을 볼 수 있고, 음력 27~28일에는 눈썹처럼 생긴 그믐달을 볼 수 있지요.

## 달의 모양이 왜 변할까?

달의 모양이 약 30일마다 조금씩 바뀌는 이유는 달이 지구 주위를 **공전**하기 때문이에요. 달은 지구 주위를 한 달에 한 바퀴 도는데, 이때 태양과 지구, 달의 위치가 계속 바뀌면서 우리에게 보이는 달의 모양이 달라져요. 음력 1일에는 태양-달-지구 순서로 놓여서 달의 뒷부분만 태양 빛을 받아 지구에서는 달이 보이지 않아요. 반대로 음력 15일에는 태양-지구-달의 순서로 놓여서, 태양 빛을 모두 받아 보름달을 볼 수 있어요.

## 어휘 퀴즈

지구는 태양 주위를 1년에 한 번 □□한다.

어떤 별이 다른 별의 둘레를 되풀이하여 도는 것을 말해요.

## 상식 더하기

**내가 본 손톱 모양 달은 초승달일까 그믐달일까?**

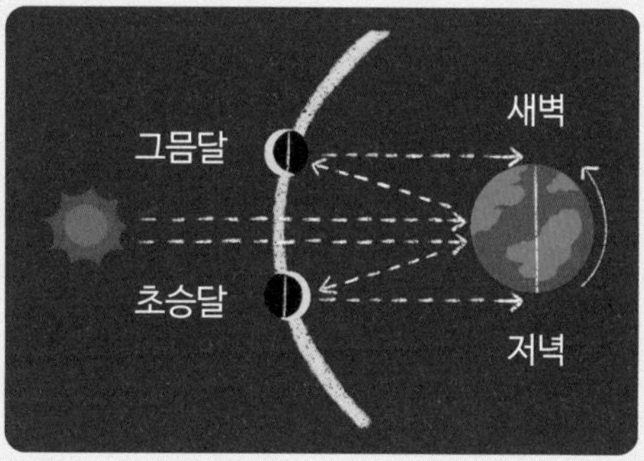


달은 모양에 따라 떠오르는 시간도 달라요. 우리가 저녁 시간에 보게 되는 얇고 밝은 손톱 모양의 달은 초승달이에요. 초승달은 저녁 시간 서쪽 하늘에서 볼 수 있어요. 반면 그믐달은 새벽에 동쪽 하늘에서 떠올라요. 하지만 해가 뜨면 태양의 밝은 빛 때문에 그믐달을 보기가 어렵지요.
그래서 우리가 저녁에 흔히 보는 손톱 모양 달은 오른쪽이 둥근 초승달이랍니다.

## 난센스 퀴즈

밤에만 나타나 평생 살이 쪘다 빠졌다 반복하는 것은?

정답 공전 | 달

과학 상식 자연 사회 문화

# 55 인공위성은 무슨 일을 할까?

부모님 차를 타고 갈 때 내비게이션이 길을 안내해 주는 것을 본 적이 있지요? 내비게이션이 정확히 길을 알려 줄 수 있는 이유는 지구 주위를 돌고 있는 'GPS(글로벌 포지셔닝 시스템)'라 불리는 인공위성 덕분이에요.

## 위성이란 무엇일까?

달은 지구 주위를 돌고 있어요. 그건 지구의 **중력** 때문인데, 이렇게 중력에 의해 다른 행성 주위를 도는 천체를 '위성'이라고 불러요. 달은 지구의 자연 위성이지요. 그런데 이러한 자연 위성 말고 사람이 여러 가지 목적으로 만들어 쏘아 올린 인공위성도 있어요. 인공위성은 지구 주위를 돌며 우리에게 많은 도움을 주고 있답니다.

## 인공위성의 역할

인공위성은 여러 가지 중요한 역할을 해요. 우리가 TV나 인터넷을 사용할 수 있는 것은 인공위성이 신호를 전달해 주기 때문이에요. 자동차의 내비게이션이나 스마트폰으로 길 찾기를 할 수 있는 것도 인공위성이 정확한 위치 정보를 알려 주기 때문이지요. 또 인공위성 덕분에 날씨를 예측할 수도 있어요. 이처럼 인공위성은 일상생활에 많은 도움을 줄 뿐만 아니라 과학 연구에도 큰 역할을 하고 있어요. 세계 최초의 인공위성은 1957년 구소련에서 쏘아 올린 스푸트니크 1호예요. 우리나라에서는 1992년 처음으로 인공위성 우리별 1호를 쏘아 올렸어요.

## 어휘 퀴즈

사과가 땅에 떨어지는 것은 지구가 물체를 잡아당기는 □□ 때문이다.

지구 위에 있는 모든 것을 지구 중심으로 끌어당기는 힘을 말해요.

## 상식 더하기

### 항성과 행성

'항성'은 태양처럼 스스로 빛을 내는 천체를 말해요. 우리가 밤하늘에서 보는 별은 항성이에요. 반면에 '행성'은 스스로 빛을 내지 못하고 항성 주위를 돌고 있는 천체예요. 예를 들어 수성, 금성, 지구, 화성, 목성, 토성, 천왕성, 해왕성은 태양 주위를 도는 행성이지요. 행성은 스스로 빛을 내지 못하지만 항성으로부터 빛과 열을 받아요. 또 행성 주위를 도는 천체는 위성이라고 부르지요. 예를 들어 달은 지구의 위성이에요.

## 난센스 퀴즈

우주에서 판소리를 잘하는 천체는?

정답 중력 | 지구 (earth, 얼쑤)

# 56 블랙홀이란 무엇일까?

블랙홀은 우주의 신비로운 **천체** 중 하나예요. 과학자들도 블랙홀에 대해 아직 모르는 것이 많지만, 알려져 있는 흥미로운 사실도 많아요.

## 블랙홀이란?

블랙홀은 중력이 너무 강해서 주변의 모든 것을 빨아들여요. 이때 주변의 빛까지 빨아들이기 때문에 마치 검은 구멍처럼 보이는 거예요. 그래서 '블랙홀'이라는 이름이 붙었지요. 블랙홀은 우주의 별이 나이가 들어 폭발하거나 작아지면서 생겨난다고 알려져 있어요. 블랙홀은 지구에서 아주 멀리 떨어져 있고, 주변의 빛을 삼켜 버려 매우 어두워요. 그래서 눈으로 보기 어렵고, 주변 물질의 변화를 통해 블랙홀의 크기나 위치를 추측해 왔어요.

## 세계 최초의 블랙홀

사실 과학자 알베르트 아인슈타인은 100년 전에 이미 블랙홀의 존재를 예측했어요. 하지만 그때는 블랙홀을 볼 수 없었지요. 그러다가 2019년 4월 10일, 세계 최초로 블랙홀의 모습이 공개되었어요. 이 발견은 미국의 대학원생 케이티 보우만이 개발한 알고리즘을 기반으로 전 세계 200여 명의 과학자가 함께 이뤄낸 성과랍니다.

## 어휘 퀴즈

우주에는 행성, 위성, 성단, 혜성 등 다양한 □□가 있다.

우주에 존재하는 모든 물체들을 말해요.

## 상식 더하기

**사건의 지평선이란?**

블랙홀의 중력은 너무 강해 빛조차 빠져나올 수 없어요. 이때 블랙홀 주위의 보이지 않는 경계를 '사건의 지평선'이라고 해요. 사건의 지평선을 넘으면 외부에서 더 이상 그 대상을 관측할 수 없으며, 이는 공상 과학에서 종종 시간 여행 장치로 묘사되곤 해요.

## 상식툰

정답 천체

# 57 우주에도 쓰레기가 있다고?

지구환경을 가장 많이 오염시키는 동물은 바로 인간이에요. 인간은 각종 쓰레기로 지구를 오염시킬 뿐 아니라 이제는 우주까지 오염시키고 있어요. 이것은 정말 심각한 문제예요.

## 우주 쓰레기란?

우주 쓰레기는 수명을 다한 인공위성이나 우주선에서 나온 파편 등을 말해요. 과학기술의 발달로 많은 나라들이 위성이나 우주선을 쏘아 올리게 되었고, 그 때문에 우주 쓰레기가 점점 늘고 있어요. 게다가 우주 쓰레기는 지구 주변을 돌고 있어서 서로 충돌하면 매우 위험해요. 또 우주 쓰레기가 지구로 떨어질 때 대기권에 진입하면서 보통 불에 타 버리는데, 부피가 크거나 불에 잘 안 타는 소재의 쓰레기는 지상에 떨어져 사람들을 다치게 할 수도 있어요.

## 우주 쓰레기 청소를 위한 노력

우주 쓰레기 문제가 점점 심각해지면서 인공위성 등의 우주 발사체를 자연 친화적인 소재로 만들자는 주장이 있어요. 이러한 아이디어를 실현하기 위해 나무로 만든 인공위성을 개발하는 등 많은 연구가 이루어지고 있지요. 또한 많은 나라들이 우주를 직접 청소하는 위성을 만들려고 노력하고 있어요. 우리나라 역시 우주 쓰레기를 붙잡아 제거하는 '포획 위성' 개발에 **착수**했답니다.

## 어휘 퀴즈

새 도서관을 짓는 공사에 □□했다.

어떤 일을 시작하는 것을 말해요.

## 상식 더하기

### 나무로 인공위성을 만든다고?

초소형 나무 인공위성

우주 쓰레기가 대기권에 진입할 때 불이 붙는 이유는 마찰열 때문이에요. 우주에 있던 물체가 지구로 들어올 때 중력에 의해 매우 빠른 속도로 대기권에 진입해요. 물체는 빠른 속도로 공기에 부딪치면서 고온의 열이 발생해요. 그리고 공기 중의 산소와 반응하며 불이 붙어요. 그래서 불에 잘 타는 나무로 만든 인공위성을 개발하려고 노력하고 있지요.

## OX 퀴즈

이번 글을 읽고 알게 된 내용입니다. 사실인 것에 ○, 사실이 아닌 것에 × 하세요.

1. 우주 쓰레기란 수명이 다한 인공위성이나 우주선에서 나온 파편 등을 말해요. □
2. 우주 쓰레기는 우주 공간에 멈추어 있어요. □
3. 우리나라도 우주 쓰레기를 붙잡아 제거하는 위성 개발에 착수했어요. □

정답 착수 | O, X, O

# 58 AI와 친구가 될 수 있을까?

## AI와의 우정, 더 이상 상상이 아니다!

2014년에 개봉한 영화 '그녀(HER)'는 주인공 테오도르가 AI인 사만다와 사랑에 빠지는 내용의 영화이다. 사람과 인공지능이 정서적 공감을 나눈다는 것이 당시에는 영화적 소재로만 여겨졌지만 최근 AI가 급격히 발달하면서 더 이상 상상이 아닌 일이 되고 있다.

### 새로운 친구, AI 챗봇 파이(PI)

AI 챗봇은 사람과 대화하는 인공지능 프로그램이다. 대부분은 필요한 정보를 제공하는 역할을 하지만, 최근 이러한 정보 중심의 챗봇과 다른 감성형 챗봇이 등장했다. '파이(PI : Personal Intelligence)'는 사용자의 기분을 이해하고 감성적 대화와 상호작용에 중점을 둔 챗봇으로, 마치 친구처럼 대화할 수 있다. 속상한 일을 말하면 파이가 위로해 주고 따뜻한 말을 건네주는 식이다.

### 파이의 특별한 기능

파이는 글자뿐만 아니라 말로도 대화할 수 있으며, 다양한 목소리 버전을 선택할 수 있다. 아직 한국어 지원은 **미흡**하고 주로 영어로 사용되고 있어, 영어권에서 좋은 반응을 얻고 있다. 파이를 사용한 많은 사람들이 파이를 통해 위로와 조언을 받고 있다. 또 비밀이 보장된다는 점에서도 만족도가 높다. AI와 친구가 되기 어렵다고 생각하는 사람도 있지만, 무생물에도 애정을 줄 수 있는 인간의 능력 덕분에 AI와도 친구가 될 수 있는 가능성을 보여 주고 있다.

## 어휘 퀴즈

연습을 열심히 했지만 공연을 하기엔 아직 □□하다.

아직 부족하거나 만족스럽지 않은 것을 말해요.

## 상식 더하기

**AI를 소재로 한 영화 추천**

2021년에 개봉한 영화 '고장 난 론'에서는 아이들에게 친구를 만들어 주는 AI 로봇인 '비봇'이 등장해요. 주인공 바니는 전교에서 유일하게 비봇이 없는 아이예요. 다른 아이들은 모두 비봇을 통해 친구들과 소통하기 때문에 바니는 외톨이로 지내지요. 그러던 중 불량품 비봇 론을 갖게 돼요. 론은 불량품이라 네트워크 접속이 불가능하고 엉뚱해요. 하지만 바니는 론과 대화하며 서로 마음을 나누는 친구가 된다는 이야기예요.

## 미로 찾기

폭탄이 있는 길을 피해 친구 로봇이 있는 곳까지 길을 찾아보세요.

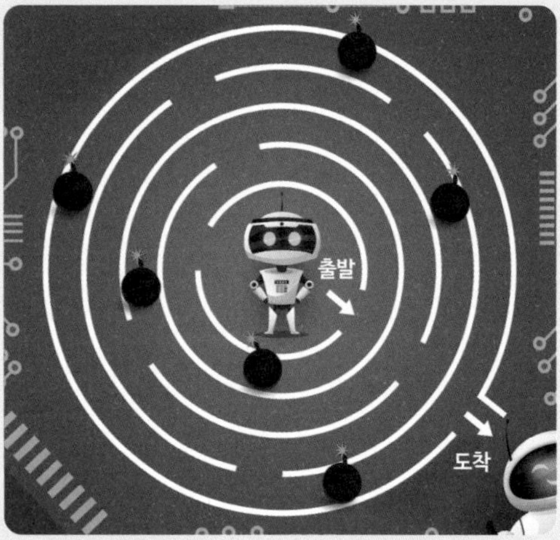


정답 미흡 | 212쪽 그림 참고

# 59 달로 이사 갈 수 있을까?

옛날 사람들은 달에 방아를 찧는 토끼가 산다고 생각했어요. 정말 우주에 동물이 살 수 있을까요?

## 지구 밖에서 사람이 살 수 있을까?

달에 사람이나 동물이 사는 것은 정말 어려워요. 달의 낮 기온은 130°C까지 올라가고, 밤에는 -170°C까지 내려가요. 중력은 지구의 6분의 1 수준이지요. 또 달의 자전 주기는 약 28일로 매우 길어서 14일 동안 낮이 이어지고 14일 동안 밤이 계속되어요. 이런 환경에서는 생명체가 살기 힘들어요. 그렇다면 다른 행성들은 어떨까요? 목성은 기체로 이루어져 있어 생명체가 살기 어렵고, 수성은 대기가 없어 표면에 착륙하기도 힘들어요. 화성은 지구와 가장 비슷한 환경을 가졌지만, 평균 기온이 -60°C로 지구의 남극보다도 더 춥고 살기 어려운 환경이에요.

## 인간의 도전

달에는 희귀 금속과 광물 같은 자원이 있을 가능성이 높아요. 그래서 많은 나라들이 달에 기지를 세워 오랫동안 머물 방법을 계속 연구하고 있어요. 미국 항공우주국(NASA)은 2030년 안에 사람이 달에서 장기 **체류**할 수 있게 될 것이라고 이야기했어요. 달로 이사 가는 일은 쉽지 않겠지만, 달 여행은 머지않아 가능할지도 몰라요.

## 어휘 퀴즈

우리 가족은 잠시 미국에 □□ 중이다.

자기 집이 아닌 곳에 가서 머물러 있는 것을 말해요.

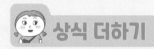

## 상식 더하기

### 일론 머스크의 스페이스 X

'스페이스 X'는 전기차로 유명한 테슬라의 CEO 일론 머스크가 세운 우주탐사 기업이에요. 우주선 발사부터 귀환까지 모두 갖춘 최초의 민간 우주탐사 기업이지요. 스페이스 X는 전 세계에 위성 인터넷을 보급하는 스타링크 프로젝트를 진행 중이며 재활용이 가능한 로켓 발사 시스템을 개발하고 있어요. 장기적으로는 화성에 100만 명이 거주하는 도시를 건설하겠다는 계획을 발표했어요.

## 난센스 퀴즈

달에 사는 물고기는?

정답 체류 | 문어(달은 영어로 moon[문], 물고기는 한자로 魚[어])

# 60 물은 투명한데 바닷물이 파란 이유는?

지구는 '푸른 별'이라는 별명이 있어요. 지구의 70%를 차지하는 파란색 바다 때문에 우주에서 지구를 보면 푸르게 보이는 거예요. 그런데 가까이 다가가 발을 담그면 바닷물은 투명한 색이라는 걸 알 수 있어요. 바닷물은 투명한데 왜 파란색으로 보이는 것일까요?

## 색이 보이는 원리

우리 눈에 색이 보이는 이유는 빛의 흡수와 **반사** 때문이에요. 그래서 어둡고 빛이 없는 곳에서는 물체의 색을 구별하기 어렵고, 빛이 있어야 색이 보이지요. 투명한 물체는 빛이 통과되고, 불투명한 물체는 빛이 반사되어 우리 눈에 들어오면서 색을 인식할 수 있게 돼요. 예를 들어, 노란색 나비는 노란빛만 반사하고 나머지 색은 흡수하기 때문에 우리 눈에 노랗게 보이는 거예요.

## 바닷물이 파랗게 보이는 이유

바닷물이 파랗게 보이는 이유는 빛의 파장과 관련이 있어요. 빛이 물에 닿으면 짧은 파장인 파란색은 반사되고, 긴 파장인 빨간색과 노란색은 흡수되어요. 바닷물 속 물 분자와 염분, 미네랄 등이 짧은 파장을 내기 때문에 우리 눈에 바닷물이 파랗게 보이는 거예요. 하지만 깊은 바다로 갈수록 파란빛도 흡수되어 어두워져요.

## 어휘 퀴즈

거울 때문에 불빛이 □□되어 눈이 부셨다.

빛, 소리 같은 것이 물체에 부딪혀서 방향을 바꾸어 나가는 것을 말해요.

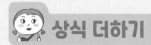

## 상식 더하기

**파란색으로 보이지 않는 바다**

아프리카 대륙과 아라비아반도 사이에 있는 홍해는 '붉은색 바다'라는 뜻이에요. 붉은 해조류와 플랑크톤이 많아 붉게 보일 때가 있어 붙은 이름이에요. 우리나라의 서해도 중국 황하강에서 유입되는 황토색 물 때문에 누런색을 띠어 '황해'라고 불리기도 해요.

## 상식툰

정답 반사

# 61 전쟁이 나면 왜 금값이 오를까?

우리나라에서는 아기가 태어나고 첫 생일에 금반지를 선물로 주는 경우가 많아요. 금반지는 부를 상징하는 귀한 것으로 아이가 커서도 사용할 수 있는 자산이 되기 때문이에요.

## 예나 지금이나 귀한 금

옛날 왕의 왕관이나 장식품이 금으로 만들어진 것을 보면 알 수 있듯이, 인간은 금을 오래전부터 귀중한 자산으로 생각했어요. 금은 비싸고 귀한 물건의 대명사로 사용되어 값비싼 물건을 '금값'이라 부르기도 하지요. 그런데 이러한 금의 한 돈(3.75g) 가격이 40만 원을 넘으면서 요즘 정말 '금값'이 되었어요. 2015년에 금 한 돈이 17만 원 정도였던 것을 생각하면 두 배가 넘게 오른 것이지요.

## 불안할수록 올라가는 금값

금은 경제 상황이 불안정할 경우에 특히 그 가치가 올라가요. 왜냐하면 다른 자산들은 전쟁이 나면 가치가 하락할 위험이 있지만, 금은 그 자체로 활용도가 높기 때문에 가치가 쉽게 떨어지지 않아요. 또 금은 땅속에서 **채굴**하는 양이 정해져 있어서 많이 만들 수 없어요. 이런 이유로 국제 경제가 불안하거나 전쟁이 일어나면 금을 사려는 사람이 더 많아지면서 가격이 오르게 되지요.

## 어휘 퀴즈

그 산은 석탄이 □□되던 광산이었다.

땅을 파고 땅속에 묻혀 있는 광물 따위를 캐내는 것을 말해요.

## 상식 더하기

**금 액세서리, 14K, 18K, 24K란?**

금으로 만든 액세서리를 살 때 꼭 확인해야 할 것이 있어요. 바로 금의 순도를 나타내는 'K(캐럿)'이지요. 순금은 너무 물렁물렁해서 물건을 만들 때 보통 다른 금속을 섞어요. 그래서 순금 함량이 많을수록 가격이 높아져요. 가장 비싼 24K는 순금 함량이 99.9%, 18K는 75%, 14K는 58.3%예요. 금이 아닌 다른 금속이 많이 섞일수록 가격은 더 저렴해져요. 따라서 금 액세서리 가격을 비교할 때는 순금 함량을 고려해야 해요.

## 상식툰

정답 채굴

# 62 물가는 왜 해마다 오를까?

짜장면 한 그릇 가격이 얼마인지 알고 있나요? 전국 평균 짜장면 한 그릇의 가격은 약 7천 원이라고 해요. 10년 전에는 약 4천 원대, 20년 전에는 약 3천 원대, 30년 전에는 1,300원 정도였어요. 짜장면 가격이 이렇게 오르게 된 이유는 무엇일까요?

## 짜장면 가격이 오르는 이유

짜장면 가격이 비싸진 가장 큰 이유는 밀가루, 식용유, 채소 등의 원재료 가격이 올라서예요. 또한 전기세, 월세, **인건비** 등 식당 운영비도 모두 올랐지요. 이렇게 시간이 지나면서 물가가 오르는 것을 '인플레이션'이라고 해요. 인플레이션이 일어나는 이유는 통화량(돈의 양)이 늘어나서 화폐의 가치가 떨어졌기 때문이에요.

## 통화량과 물가

통화량이 늘어난다는 것은 시장에 돌아다니는 돈의 양이 늘어나는 것을 말해요. 시장에 돈이 많아지면 돈의 가치는 떨어져, 같은 물건을 구매할 때 더 많은 돈을 내야 해요. 그래서 시간이 흐를수록 점점 물가가 오르는 것이지요. 자연스러운 물가 상승은 어쩔 수 없지만 물가가 급격하게 오르면 빈부 격차가 심해지고 사람들의 삶이 어려워질 수 있어요. 그래서 정부는 급격한 인플레이션을 막는 정책을 펼쳐요.

## 어휘 퀴즈

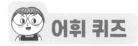

부모님은 □□□를 쓰지 않으려고 직접 도배를 하셨다.

사람을 쓰는 데 드는 비용을 말해요.

## 상식 더하기

**인플레이션을 막으려면!**

인플레이션을 막으려면 시장에 돌아다니는 돈의 양을 줄이고, 사람들이 저렴하게 물건을 살 수 있도록 물건의 공급량을 늘려야 해요. 그래서 정부는 시장에 유통되는 돈을 줄이기 위해 은행 저축을 장려해요. 또한 물건이 원활하게 공급되도록 지원해 물가가 안정될 수 있게 노력해요.

## 다른 그림 찾기

두 그림에서 서로 다른 3곳을 찾아보세요.

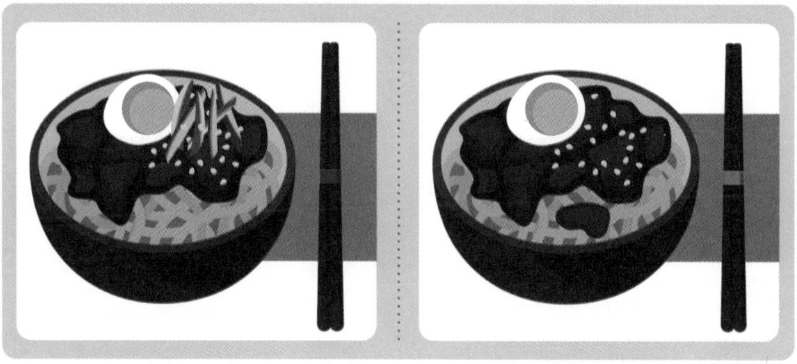

정답 인건비 | 212쪽 그림 참고

# 63 UN(유엔)에서는 어떤 일을 할까?

옛날에 다른 나라에 가는 것은 꿈만 같은 일이었어요. 하지만 요즘은 비행기를 타고 전 세계 어디든 하루 안에 갈 수 있는 세상이 되었어요. 통신과 교통의 발달로 세계는 무척 가까워졌지요. 세계 여러 나라들의 교류가 활발해지면서 서로 협력하는 것이 더욱 중요해졌어요.

## UN의 탄생

국제사회는 20세기에 세계대전이라는 두 차례의 큰 전쟁을 겪었어요. 그러면서 세계의 평화를 지키고 전쟁을 막기 위해 국제기구가 필요하다고 생각했어요. 그래서 미국과 영국 등을 중심으로 국제 평화와 안전을 지키는 UN이라는 국제기구가 설립되었어요. UN은 '국제연합(United Nations)'이라는 뜻으로, 현재 190개 이상의 나라가 회원국으로 가입되어 있어요.

## UN의 역할

UN의 주된 활동은 국제사회의 평화를 지키고 **인권**을 보호하는 일이에요. 나라 사이에 갈등을 조정하고 전쟁이 일어나는 것을 미리 막아 주는 역할을 하지요. 필요할 때는 평화 유지군을 파견하고, 전쟁이나 자연재해로 고통받는 사람이 있으면 식량, 의료, 긴급 구호물자를 지원하기도 해요. 모든 사람들이 인간의 권리를 누리며 평등하게 대우받을 수 있도록 힘쓰고, 기후변화와 같은 문제에 대응하며 지구 환경을 지키기 위한 노력도 하고 있어요.

## 어휘 퀴즈

국민의 기본적 □□이 보장되어야 해요.

사람이 사람답게 살 권리를 말해요.

## 상식 더하기

**유니세프란?**

유니세프(UNICEF)는 '유엔아동기금(United Nations Children's Fund)'의 약자로, 전 세계 어린이들의 권리를 보호하기 위해 설립된 유엔의 보조 기관이에요. 특히 전쟁으로 배고픔과 질병에 시달리는 아이들을 구제하기 위해 노력하고 있어요. 우리나라도 6·25 전쟁 이후 많은 어린이들이 유니세프에서 큰 도움을 받았어요. 우리나라는 1994년부터 도움을 받는 나라에서 도움을 주는 나라가 되었답니다.

## 초성 퀴즈

국제사회는 두 차례의 세계대전을 겪으며

세계의 [ㅍ][ㅎ]를 지키고 [ㅈ][ㅈ]을 막기 위해

[ㄱ][ㅈ][ㄱ][ㄱ]가 필요하다고 생각했어요.

그렇게 해서 국제연합(UN)이 만들어졌어요.

정답 인권 | 평화, 전쟁, 국제기구

# 64 은행에 맡긴 돈은 안전할까?

부모님이나 어른들께 받은 용돈을 은행에 저금해 본 적이 있나요? 돈을 집에 보관하면 그대로지만 은행에 맡기면 이자를 줘서 돈이 더 불어나요. 은행은 어떻게 돈을 벌고, 이자까지 줄 수 있을까요?

## 은행의 원리

사람들은 안전하게 돈을 보관하기 위해 은행에 일정 기간 돈을 맡기는 '예금'을 해요. 은행은 사람들이 맡긴 예금을 돈이 필요한 사람에게 이자를 받고 빌려줘요. 이것을 '대출'이라고 해요. 사람들은 집을 사거나 사업을 시작할 때 한 번에 많은 돈이 필요하기 때문에 은행으로부터 대출을 받지요. 은행은 이렇게 대출해 주고 대가로 이자를 받아서 수익을 올려요. 그 수익으로 은행에 돈을 예금한 사람들에게 이자를 줄 수 있지요.

## 은행도 망할 수 있어요

그렇다면 은행에 맡긴 돈은 정말 안전할까요? 아주 드문 경우이지만 은행이 **파산**하는 경우도 있어요. 은행은 다른 사람에게 돈을 빌려줘서 돈이 없는데, 돈을 맡긴 사람들이 한꺼번에 돈을 돌려 달라고 하면 파산하게 되는 것이지요. 이러한 현상을 '뱅크런'이라고 해요. 보통은 사람들이 은행을 안전하다고 믿기 때문에 이런 일이 생기지 않아요. 하지만 경제가 어려워지거나 은행이 망할 것 같다는 생각이 들면 사람들이 너도나도 자신이 맡긴 돈을 찾으려 하는 뱅크런이 발생할 수 있어요.

## 어휘 퀴즈

돈을 너무 많이 낭비하면 □□할 수 있다.

재산을 모두 잃고 망하는 것을 말해요.

## 상식 더하기

**인터넷뱅킹이란?**

'인터넷뱅킹'은 컴퓨터나 스마트폰을 이용해 은행 일을 할 수 있는 서비스예요. 은행에 가지 않고도 돈을 보내거나 통장에 남은 돈을 확인할 수 있고, 세금을 낼 수도 있어요. 인터넷뱅킹에서 가장 중요한 건 보안이에요. 인터넷뱅킹은 안전한 시스템으로 잘 보호되어 있어 편리한 점이 많지만, 비밀번호 같은 개인 정보를 잘 지켜야 하지요.

## 상식 퀴즈

은행에 관한 단어와 설명하는 문장을 알맞게 연결해 보세요.

| | |
|---|---|
| 이자 | ① 은행에 일정 기간 돈을 맡기는 것. |
| 예금 | ② 은행이 이자를 받고 돈을 빌려주는 것. |
| 대출 | ③ 남에게 돈을 주거나 빌려 쓴 대가로 추가되는 돈. |

정답 파산 | 이자-③, 예금-①, 대출-②

# 65 잘사는 나라를 구분하는 기준은?

우리나라는 1950년대 6·25 전쟁 이후 매우 가난한 나라였어요. 그러나 현재는 눈부신 경제성장을 이루어 '잘사는' 나라가 되었어요. 우리나라가 잘사는 나라가 되었다는 기준은 무엇일까요?

## 국가의 경제 규모를 판단하는 지표

잘사는 나라와 못사는 나라를 구분하는 기준은 GDP(국내총생산)라는 지표예요. GDP란 한 나라에서 생산한 모든 물건과 서비스를 더한 값으로, GDP가 높을수록 나라의 경제 규모가 크고 국제사회에서 힘과 **영향력**이 크다는 뜻이에요. 즉, 강대국이라는 것을 의미하지요. 전 세계 GDP 1위는 미국이고 2위는 중국이에요. 1950년대 우리나라 GDP 순위는 100위 안에도 못 들었지만 현재는 14위 정도예요.

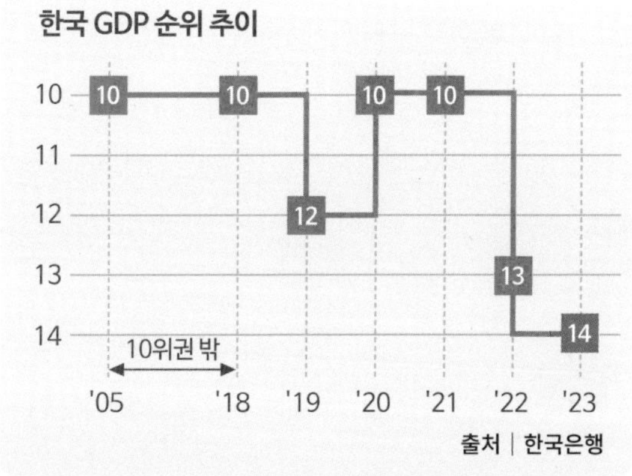


## 1인당 GDP

GDP는 국가 경제의 크기를 나타내지만, 인구가 많을수록 유리하기 때문에 국민 개개인의 생활 수준을 보여 주기는 어려워요. 반면 GDP를 인구수로 나눈 1인당 GDP는 국민이 얼마나 잘사는지를 알 수 있는 지표예요. 2024년 기준으로 1인당 GDP 1위는 룩셈부르크, 2위는 아일랜드, 3위는 스위스예요. GDP 세계 1, 2위였던 미국은 6위, 중국은 71위로 내려갔고, 우리나라의 1인당 GDP도 32위에 머물고 있어요.

## 어휘 퀴즈

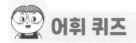

연예인이 기부를 하는 것은 사람들에게 선한 □□□을 줄 수 있다.

어떤 사물의 효과나 작용이 다른 것에 미치는 힘을 말해요.

## 상식 더하기

### GDP와 GNP

GDP(국내총생산)와 비슷한 지표로 'GNP(국민총생산)'가 있어요. GDP는 우리나라 안에서 생산된 모든 물건과 서비스의 합으로 장소가 기준이에요. 반면 GNP는 우리나라 사람이 생산한 모든 물건과 서비스를 포함하며 사람이 기준이지요.

## OX 퀴즈

이번 글을 읽고 알게 된 내용입니다. 사실인 것에 ○, 사실이 아닌 것에 × 하세요.

1 잘사는 나라와 못사는 나라를 구분하는 기준은 GDP예요. □

2 1950년대 우리나라 GDP 순위는 100위 안에도 못 들었어요. □

3 국민 1인당 GDP가 가장 높은 나라는 미국이에요. □

정답 영향력 | O, O, X

# 66 80:20의 법칙이 있다?

학교에서 여러분이 대화를 많이 나누는 친구는 몇 명인가요? 아마도 그런 친구는 전체의 약 20%일 확률이 높아요. 우리 반이 20명이라면 4명, 30명이라면 6명 정도가 되는 것이지요. 어떻게 알았을까요? 바로 '파레토의 법칙' 때문이지요.

## 자연에서 발견한 파레토의 법칙

이탈리아의 경제학자 빌프레도 파레토는 자신이 키우는 콩에서 열매를 잘 맺은 20%의 콩깍지가 전체 콩 수확량의 대부분을 차지한다는 것을 알게 되었어요. 그리고 개미를 관찰해 보니 전체 개미의 20%만이 열심히 일을 한다는 것도 알게 되었지요. 파레토는 이러한 현상을 부자 20%가 전체 땅의 80%를 **소유**하고 있는 경제적 현상에 빗대어, 80:20의 법칙이 적용된다는 사실을 발견했어요. 이렇게 상위 20%가 생산의 80%를 해낸다는 법칙을 80:20의 법칙이라고 하고, 파레토의 이름을 따서 파레토의 법칙이라고 불러요.

## 다양한 곳에 적용되는 파레토의 법칙

우리 반에 20명의 학생이 있다면, 반에서 일어나는 다툼의 80%는 20%에 해당하는 4명의 학생이 일으켰을 가능성이 높아요. 또 우리 반에서 정말 열심히 공부하는 친구도 대개 20% 정도일 거예요. 이처럼 파레토의 법칙은 다양한 곳에 적용돼요. 어떤 가게에 100명의 손님이 오면 20명의 단골손님이 매출의 80%를 차지할 가능성이 커요. 소수의 고객이 가게에 큰 영향을 주는 것이지요.

## 어휘 퀴즈

그 필통은 내 □□이다.

가지고 있는 것을 말해요.

## 상식 더하기

### 롱테일 법칙

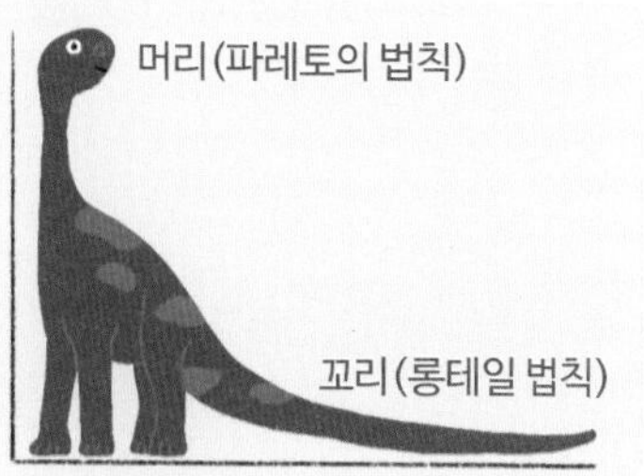


파레토의 법칙은 결과의 80%가 소수 20%에서 발생한다고 말해요. 이에 반대되는 롱테일 법칙은 적은 판매량도 모두 합하면 큰 비중을 차지할 수 있다는 것을 보여 주어요. 상품 판매량 그래프에서 공룡의 긴 꼬리처럼 나타난다고 하여 '롱테일 법칙'이라고 하지요. 이는 사소하고 평범한 다수도 의미가 있음을 알려 주고 있어요.

## 상식툰

정답 소유

# 67 비트코인이 뭘까?

지폐나 동전처럼 실물이 없이 **사이버**상에서 거래되는 돈을 '가상화폐'라고 해요. 가상화폐를 대표하는 것에는 비트코인이 있어요.

## 비트코인이란?

'비트코인'은 컴퓨터 정보의 기본 단위인 비트(bit)와 동전(coin)의 합성어로, 2009년 사토시 나카모토라는 가명의 프로그래머가 개발한 가상화폐예요. 비트코인은 거래한 사람의 이름을 드러내지 않으면서도 거래 기록이 투명하게 남는 블록체인 기술이 적용되어 있어요. 흥미로운 점은 비트코인과 블록체인 기술을 개발한 사토시 나카모토의 정체가 여전히 미스터리로 남아 있다는 거예요. 어느 나라 사람인지, 한 명인지 여러 명인지조차 밝혀지지 않았어요.

## 비트코인의 특징

비트코인의 가장 큰 특징은 은행이나 정부의 개입이 없다는 점이에요. 일반적으로 모든 화폐는 중앙은행에서 발행하고 관리하지만, 비트코인은 중앙 집중적인 통제가 없어요. 그래서 누구나 쉽게 거래할 수 있어요. 해외로 돈을 보낼 때 보통은 은행에 수수료를 내지만, 비트코인으로 거래하면 개인과 개인이 직접 주고받을 수 있어요. 또 다른 특징은 비트코인의 발행량이 정해져 있다는 점이에요. 기존 화폐처럼 정부가 발행량을 늘리거나 줄일 수 없고, 가격이 오르내릴 때가 많아 불안정한 모습을 보이지요.

## 어휘 퀴즈

인터넷의 발달로 외국에 사는 친구를 □□□상에서 쉽게 만날 수 있다.

컴퓨터 온라인으로 연결된 눈에 보이지 않는 공간을 말해요.

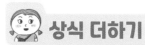

## 상식 더하기

**비트코인이 화폐를 대신할 수 있을까?**

비트코인은 은행을 통하지 않고 개인과 개인이 직접 거래할 수 있다는 점에서 혁신적이지만 아직까지 화폐로 사용하기에는 불안해요. 특히 가격 변동이 심해 1년 사이 가장 높을 때와 낮을 때의 가격 차이가 3배에 달하기도 해요. 그러나 엘살바도르 등 일부 국가는 비트코인을 공식 화폐로 인정하며 가치를 높게 평가하고 있어요.

## 상식툰

정답 사이버

사회 상식 자연 과학 문화

# 68 똑똑할수록 겸손해진다고?

'벼는 익을수록 고개를 숙인다.'라는 속담을 알고 있나요? 지식이 많고 훌륭한 사람의 **겸손**한 태도를 벼가 익어 고개를 숙인 모습에 비유한 표현이에요.

## 더닝 크루거 효과

똑똑한 사람일수록 겸손해지는 이유를 과학적으로 설명한 연구가 있어요. 미국 코넬 대학교의 사회심리학 교수 데이비드 더닝과 대학원생 저스틴 크루거의 연구에 따르면, 무지한 사람들은 자신이 모른다는 사실조차 몰라서 실수를 알아차리지 못하고 오히려 자신만만해요. 반면, 똑똑한 사람들은 '나보다 더 똑똑한 사람이 많겠지.'라고 생각해 겸손하게 행동하고 자신의 실력을 과소평가하는 경향이 있다고 해요. 이 현상을 연구자들의 이름을 따서 '더닝 크루거 효과'라고 불러요.

## 아는 것을 아는 것, 메타인지

연구자들은 더닝 크루거 효과가 메타인지 능력의 차이에서 비롯된다고 설명해요. 메타인지는 자신이 알고 있는 것과 모르는 것을 구분하는 능력으로, 이를 정확히 인식하는 것이 중요해요. 내가 모르는 부분을 인정해야 더 배울 수 있기 때문이지요. 이는 고대 그리스 아폴로 신전에 새겨진 '너 자신을 알라.'라는 말과도 통해요. 스스로를 아는 것이 발전의 시작이지요.

## 어휘 퀴즈

나는 잘난 척하는 사람보다 □□한 태도를 가진 사람이 좋다.

다른 사람을 존중하고 자기를 내세우지 않는 태도를 말해요.

## 상식 더하기

### 메타인지를 키우는 방법

배운 내용을 안다고 생각했는데 막상 문제를 풀어 보면 몰랐던 적이 있나요? 이는 메타인지가 제대로 작동하지 않아서예요. 메타인지를 키우려면 배운 내용을 말로 설명해 보며 내가 정확히 알고 있는지 확인해 보는 과정이 필요해요.

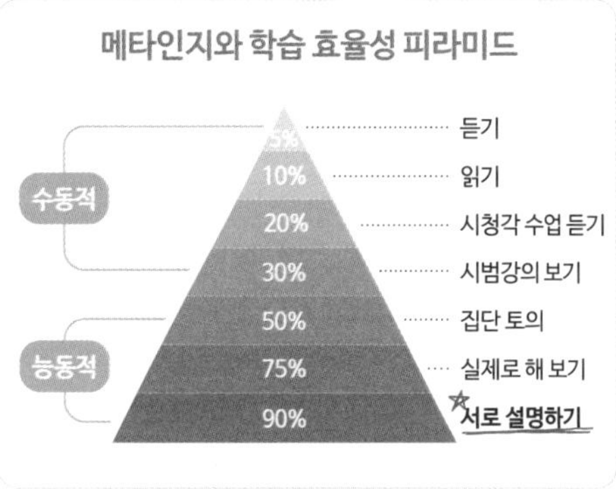


## 상식툰

안전 장비를 잘 갖춰야지!
대충 입고 올라가면 되지!
무식하면 용감하다더니! 메타인지가 안 되어서 걱정이다!
으이구
발 아파서 더 못 가겠어.
헉
헉


정답 겸손

# 69 여름에 시간이 바뀐다고?

미국, 캐나다 그리고 유럽의 여러 나라에는 여름철에 시각을 한 시간 앞당겨 조정하는 제도가 있어요. 이 서머타임(Summer time) 제도는 나라마다 조금씩 다르지만 주로 3월과 10월 사이에 시행해요. 서머타임은 왜 만든 걸까요?

## 서머타임이 생긴 이유

서머타임은 에너지를 **절약**하기 위해 처음 도입되었어요. 여름에는 해가 일찍 뜨는 점을 활용해 한 시간 먼저 일을 시작하고, 한 시간 일찍 일을 끝내자는 것이지요. 이렇게 하면 덜 더운 아침에 일을 하고 더운 오후에는 야외 활동을 하며 전기를 절약할 수 있거든요. 하지만 시간이 바뀌는 것이 불편하다는 이유로 시행하지 않는 나라도 많아요. 우리나라와 일본, 중국, 인도 등의 나라는 서머타임을 시행하지 않지요.

## 시차가 생기는 이유

지구는 둥글고 하루에 한 바퀴 자전하기 때문에 태양이 떠오르는 시간이 지역마다 달라요. 지구가 한 바퀴 도는 데는 24시간이 걸리기 때문에 위치에 따라 24개의 시간대로 나누었어요. 그래서 지역마다 1시간씩 차이가 나요. 이것을 '시차'라고 하지요. 예를 들어, 우리나라와 영국은 9개의 시간대만큼 떨어져 있어 9시간 차이가 나요. 그런데 서머타임이 시행될 때는 8시간 차이로 줄어들지요.

## 어휘 퀴즈

부모님께서는 꼭 필요한 곳에만 돈을 쓰도록 □□을 강조하셨다.

함부로 쓰지 않고 꼭 필요한 데만 써서 아끼는 것을 말해요.

## 상식 더하기

**여름에는 왜 낮이 더 길까?**

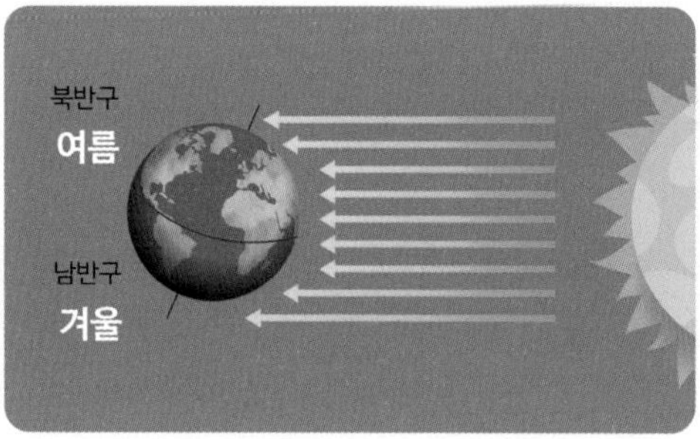


여름에 해가 길어지는 이유는 지구가 기울어진 채로 공전하기 때문이에요. 지구는 둥글고 자전축을 중심으로 하루에 한 바퀴씩 돌아요. 자전축은 23.5℃ 기울어져 있어서 이로 인해 계절이 생겨요. 여름에는 우리가 있는 북반구가 태양 쪽으로 더 기울어져 있어서 낮이 더 길고 밤이 짧아지는 거랍니다.

## 상식 퀴즈

우리나라와 시차가 가장 많이 나는 나라는 어디일까요?

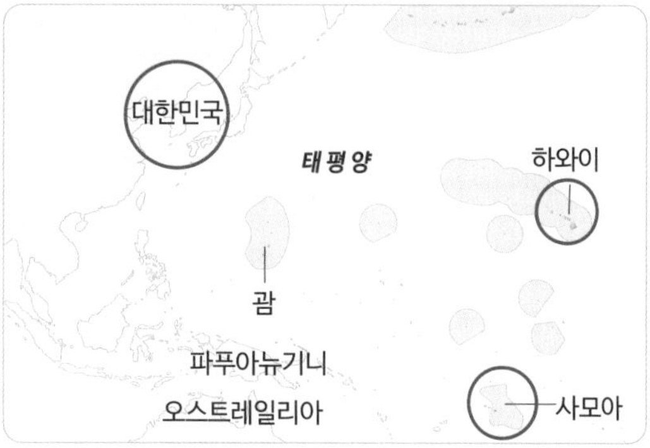


정답 검약 | 미국 하와이, 사모아 등 태평양 일부 국가들, 19~20시간 차이

# 70 신용카드의 원리는 무엇일까?

부모님이 물건을 살 때 신용카드로 결제하는 것을 본 적이 있나요? 신용카드는 당장 현금이 없어도 물건을 사거나 서비스를 이용할 수 있게 해 주는 편리한 수단이에요.

## 신용카드의 원리

신용카드는 고객의 신용을 바탕으로 물건이나 서비스를 먼저 사고 나중에 돈을 내는 방식이에요. 고객이 신용카드를 사용하면 가게는 카드 회사에 돈을 달라고 요청하고 카드 회사는 그 금액을 대신 내 주는 거예요. 이후 카드 회사가 고객에게 사용 금액을 알려 주고, 정해진 날짜에 고객의 통장에서 돈이 빠져나가지요. 신용카드는 당장 돈을 내지 않더라도 나중에 갚겠다는 약속을 하는 거예요. 덕분에 고객은 필요한 물건을 바로 살 수 있고, 돈은 나중에 내는 편리함을 누릴 수 있어요.

## 신용카드의 장단점

신용카드를 사용하면 현금을 직접 들고 다니지 않아도 되어서 편리해요. 그리고 할부라는 제도를 통해 물건 값을 여러 달로 나누어 낼 수도 있어요. 또한 카드를 사용하면 포인트가 적립되어 나중에 현금처럼 사용하거나 특정 가게에서 할인을 받을 수 있는 등 장점이 많아요. 하지만 당장 돈이 없어도 물건을 살 수 있다 보니 **과소비**할 수 있다는 단점이 있어요. 카드로 쓴 돈은 나중에 갚아야 할 돈이라는 것을 잊지 말고 내가 갚을 수 있는 만큼만 계획적으로 사용하는 것이 중요해요.

## 어휘 퀴즈

사고 싶은 게 많다고 다 사면 □□□를 하게 된다.

돈이나 물품을 지나치게 많이 쓰는 것을 말해요.

## 상식 더하기

### 신용카드와 체크카드

신용카드는 물건을 먼저 사고 나중에 돈을 내는 카드예요. 반면 체크카드는 은행 계좌와 연결되어 있어서 물건을 사면 계좌에서 물건 값이 바로 빠져나가는 카드예요. 체크카드는 있는 돈만 쓰기 때문에 과소비를 막아 주지만, 통장에 돈이 없으면 쓸 수 없어요. 두 카드의 장단점을 잘 따져 상황에 맞게 사용하면 좋아요.

## 상식툰

정답 과소비

# 71 경제를 움직이는 손이 있다고?

우리가 필요한 물건을 사거나 맛있는 음식을 사 먹는 것, 병원에 가서 진료를 받는 것 등의 모든 활동을 경제활동이라고 해요. 우리 삶에서 떼려야 뗄 수 없는 경제. 이 경제가 돌아가는 원리는 무엇일까요?

## 경제를 움직이는 보이지 않는 손

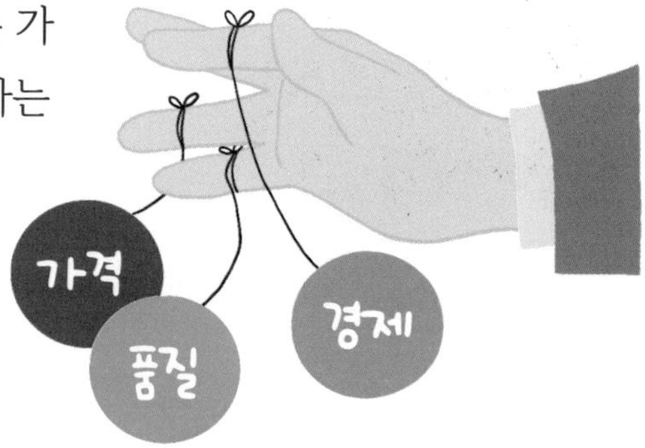


어떤 물건을 사고팔 때 파는 사람은 높은 가격을 받기 위해 물건의 품질을 높이고, 사는 사람은 물건을 더 저렴하게 사기 위해 여러 제품을 비교해요. 그렇게 자연스럽게 물건의 가격이 정해지는 과정을 마치 '보이지 않는 손'이 조절하는 것 같다고 설명한 사람이 있어요. 바로 경제학자 애덤 스미스예요. 그는 정부가 **개입**하지 않아도 시장에서는 보이지 않는 손에 의해 물건의 가격이 결정된다고 주장했지요.

## 시장 경제 원리

자본주의 시장에는 자유와 경쟁이 함께 있어요. 사람들은 누구나 자유롭게 물건을 팔 수 있지만, 더 좋은 물건을 만드는 사람이 더 많은 돈을 벌 수 있어요. 경쟁을 통해 물건과 서비스가 좋아지고 그로 인해 우리 사회도 발전해요. 예를 들어 1만 원짜리 물건과 2만 원짜리 물건의 품질이 같다면 사람들은 당연히 더 싼 1만 원짜리 물건을 사려고 할 거예요. 그래서 판매자들은 더 싸고 좋은 물건을 만들기 위해 노력하게 되는 것이지요.

## 어휘 퀴즈

둘 싸움에 우리는 □□하지 말자.

남의 일에 끼어드는 것을 말해요.

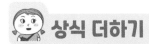

## 상식 더하기

### 자본주의 vs 공산주의

우리나라와 같은 자본주의 사회에서는 자유와 경쟁을 바탕으로 시장 경제가 움직여요. 개인의 능력에 따라 소득에 차이가 있어 빈부 격차가 생겨요. 반면 공산주의 사회에서는 경제적 이익을 모든 사람이 똑같이 나누는 것을 중요시해요. 평등을 이루지만 노력에 상관없이 같은 보상을 받아요.

## 상식툰

정답 개입

# 72 디지털 노마드의 시대, 내가 있는 곳이 곧 일터!

## 21세기 신인류, '디지털 노마드'가 뜨고 있다!

'디지털 노마드'는 '디지털'과 '노마드(유목민)'의 합성어로, 유목민처럼 한 곳에 머물지 않고 여러 곳을 옮겨 다니며 컴퓨터나 스마트폰 같은 디지털 기기로 일을 하는 사람들을 말한다. 인터넷의 발달로 집이나 사무실이 아닌 카페나 여행지 등 언제 어디서나 일을 할 수 있게 되었다.

### 디지털 노마드, 새로운 일상

코로나19 이후 집에서 일하는 재택근무나 온라인으로 일하는 원격 근무가 더 이상 낯설지 않게 되었다. 이런 사회적 환경과 요구가 여가 시간을 중요하게 생각하는 요즘 젊은 세대와 잘 맞아떨어진 것이다. 과거에는 회사에 나가거나 가게를 열어야 돈을 벌 수 있었지만 이제는 온라인 채널로도 수익을 낼 수 있다. 이런 이유로 디지털 노마드를 꿈꾸는 사람이 늘고 있다.

### 디지털 노마드, 나에게 맞을까?

디지털 노마드는 어디서나 일할 수 있는 자유로운 생활이 보장되지만 누구에게나 맞는 것은 아니다. 회사에서 동료들과 함께 일하며 **소속감**과 안정감을 원하는 사람에게는 어려울 수 있다. 또 일할 때와 쉴 때를 구분하고 싶은 사람에게도 맞지 않을 수 있다. 디지털 노마드를 꿈꾸는 사람은 자신의 성향을 잘 생각해 보고 선택해야 한다.

## 어휘 퀴즈

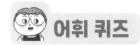

반 전체가 똑같은 옷을 입으니 □□□이 느껴진다.

어떤 집단에 자신이 포함되어 있다는 느낌을 말해요.

## 상식 더하기

### 코로나19와 변화된 일상

코로나19는 2019년 말 전 세계로 퍼진 전염병이에요. 전염력이 강하고, 기침이나 발열과 같은 증상을 보이며 심하면 목숨을 잃을 수 있는 질병이지요. 처음 이 병이 발생했을 때 사람들은 어떻게 대응해야 할지 몰라 두려웠어요. 또 강한 전염력 때문에 사람들끼리 만나지 않으려고 노력했어요. 그 때문에 코로나19 유행을 기점으로 재택근무, 온라인 회의 등이 급격하게 활성화되었지요.

## OX 퀴즈

이번 글을 읽고 알게 된 내용입니다. 사실인 것에 ○, 사실이 아닌 것에 × 하세요.

1 디지털 노마드란 디지털과 유목민의 합성어예요. □

2 디지털 노마드를 꿈꾸는 젊은이들이 늘어나고 있어요. □

3 소속감과 안정감이 중요한 사람에게 디지털 노마드는 좋은 선택이에요. □

정답 소속감 | O, O, X

# 73 우리나라 돈과 다른 나라 돈의 가치가 같을까?

나라마다 돈의 단위가 달라요. 우리나라는 '원'을 단위로 하고, 미국은 '달러'를, 일본은 '엔'을, 중국은 '위안'을 돈의 단위로 사용해요. 그렇다면 우리나라의 1원은 미국의 1달러와 같을까요?

## 환율의 의미

각 나라의 돈은 단위만 다른 것이 아니라 돈이 가진 가치도 달라요. 우리나라의 1원과 미국의 1달러는 전혀 다른 가치를 나타내지요. 1달러는 우리나라 돈으로 약 1,400원(2024.12 기준) 정도예요. 따라서 미국의 1,000달러를 우리나라 돈으로 바꾸면 1,000원이 아니라 약 140만 원이 돼요. 이렇게 두 나라의 돈을 바꿀 때 사용하는 비율을 '환율'이라고 해요. 환율은 각 나라의 경제 상황에 따라 오르락내리락하지요.

## 환율의 영향

환율은 해외여행을 하지 않아도 우리의 일상과 **밀접한** 관련이 있어요. 우리가 사용하는 많은 물건이 외국에서 들어오기 때문에 환율이 오르면 물건 값도 비싸져요. 예를 들어 환율이 오르면 수입 밀가루 가격이 올라서 빵이나 칼국수 같은 음식 값도 오를 수 있지요. 그래서 환율은 단순히 돈을 바꿀 때뿐만 아니라 우리 생활에 직접 영향을 미치게 되어요.

## 어휘 퀴즈

담배와 질병은 □□□ 관련이 있다.

아주 가깝게 맞닿아 있다는 뜻이에요.

## 상식 더하기

**환율이 오를 때 좋은 사람 vs 환율이 내릴 때 좋은 사람**

환율이 오르는 것이 나쁜 것만은 아니에요. 우리 나라가 해외로 물건을 수출할 때 환율이 높으면 같은 돈을 받아도 더 많은 원화를 벌 수 있어요. 그래서 환율이 오르면 수출하는 회사가 유리하고, 환율이 내리면 수입하는 회사가 유리해요. 또한 해외여행을 갈 때는 환율이 낮을수록 더 적은 돈으로 여행할 수 있어요.

## 난센스 퀴즈

이불을 달러로 사면 얼마일까?

정답 및 해설 | 2불(달러를 '불'이라고도 말해요. 2불=2달러)

# 74 용돈으로 주식을 살까, 예금을 할까?

최근 부모님께서 주신 용돈으로 주식 투자를 하는 미성년 주식 투자자가 부쩍 늘고 있어요. 주식이란 무엇이고, 돈을 은행에 저축하는 예금과는 무엇이 다를까요?

## 주식이란?

'주식'이란 기업이 투자금을 받기 위해 돈을 받고 발행하는 증서를 말해요. 기업을 운영하기 위해서는 많은 돈이 필요하기 때문에 주식을 발행하여 기업에 투자할 사람을 모으는 거예요. 회사의 성장 가능성을 본 사람들은 그 회사에 투자하고 그 대가로 주식을 받게 되는 것이지요. 이렇게 투자한 사람을 주식의 주인이라는 뜻으로 '주주'라고 불러요. 주주들은 주식을 가지고 있는 만큼 그 회사에 대한 권리도 함께 갖게 돼요.

## 주식 투자 vs 예금

회사가 많은 **수익**을 내면 주주도 이익을 얻을 수 있어요. 따라서 좋은 회사를 잘 골라 주식 투자를 하면 큰 수익을 기대할 수 있어요. 하지만 반대로 회사가 경영을 잘못하여 손해가 나거나 망하게 되면 투자한 돈을 돌려받을 수 없어 손해를 볼 수 있어요. 투자하기 전에는 기업에 대해 충분히 공부해야 하지요. 반면 은행 예금은 돈을 잃을 위험은 적지만 큰 수익을 기대하기도 어려워요. 각자의 투자 방식과 성향에 따라 결과가 달라지니 잘 알아보고 투자해야겠지요?

## 어휘 퀴즈

김밥이 잘 팔려서 많은 □□을 올렸다.

이익을 거두어들이는 것을 말해요.

## 상식 더하기

**펀드란?**

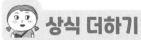

좋은 기업의 주식에 투자하면 높은 수익을 기대할 수 있지만 어떤 기업이 좋은지 판단하는 것은 쉽지 않아요. 그래서 여러 사람의 돈을 모아서 전문가가 대신 투자해 주는 '펀드'를 이용하기도 해요. 펀드는 직접 신경 쓸 일이 적고 예금보다 높은 수익을 기대할 수 있지만, 손실 위험도 있으니 신중히 투자해야 해요.

## 상식 퀴즈

사람들이 하는 말을 보고 알맞은 금융 상품을 찾아 선으로 이어 보세요.

① 난 경험이 풍부한 전문가에게 맡겨야지.

② 나는 위험 없이 차곡차곡 모으는 게 좋아.

③ 좋은 회사를 찾아 직접 투자하고 싶어.

예금 | 주식 | 펀드

정답 수익 | ①-펀드, ②-예금, ③-주식

# 75 우리 학교가 없어진다고?

1960~70년대 우리나라는 '덮어 놓고 낳다 보면 거지꼴을 못 면한다.', '딸·아들 구별 말고 둘만 낳아 잘 기르자.'라는 캠페인을 벌일 정도로 출산율이 높았어요. 하지만 50년 만에 우리나라는 세계 최저 출산율을 기록하며 인구 소멸을 걱정하는 나라가 되었어요.

## 급격히 줄어드는 인구

한 해 출생아 수는 매년 급격히 줄어 2014년 43만 명에서 2023년 23만 명으로 절반 가까이 줄어들었어요. 이렇게 어린이 수가 급격히 줄어들면서 문을 닫는 학교도 생겨나고 있어요. 국회 교육위원회의 조사에 따르면 입학생이 10명 이하인 학교가 전국에 2,100곳이 넘는다고 해요. 이런 현상은 지방에서 특히 더 심각해요. 인구 소멸 위험 지역으로 분류된 지역도 130곳에 이른다고 해요.

## 저출산의 문제점

출산율이 감소하면 젊은 인구가 줄어들어 노동력이 부족해지고 경제에 나쁜 영향을 미쳐요. 아동 인구가 줄어 학교가 **통폐합**되면 인재를 양성하는 데 부정적인 영향을 미치고, 지역 간 격차도 커질 수 있어요. 저출산 문제는 국가 경쟁력에 영향을 주는 중요한 문제지만 짧은 시간에 해결하기 어려워요. 따라서 정부와 사회가 협력하며 출산 가정에 더 많은 혜택을 주는 등 적극적인 노력이 필요해요.

## 어휘 퀴즈

시골의 많은 학교들은 □□□을 앞두고 있다.

여러 단체나 모임을 합치거나 없애서 하나로 만드는 것을 말해요.

## 상식 더하기

**전 세계 인구는 줄어들고 있을까, 늘어나고 있을까?**

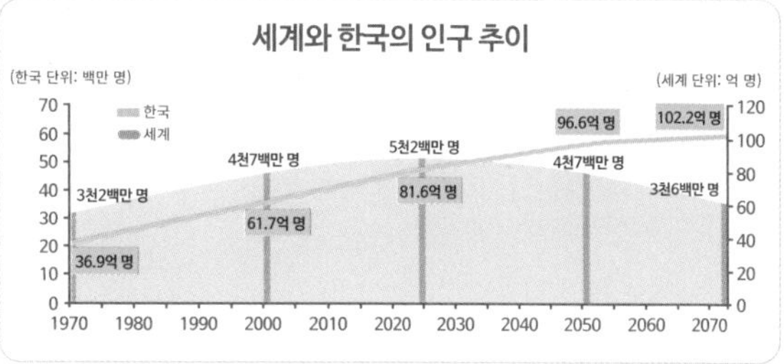


우리나라는 저출산으로 인구 절벽이 심각하지만 전 세계 인구는 계속 증가하고 있어요. 유엔에 따르면 2024년 기준 세계 인구는 82억 명이며, 2080년대에는 103억 명에 이를 것으로 예상돼요. 저출산으로 인구가 감소하고 있는 나라가 많지만 인도, 인도네시아, 파키스탄, 미국 등에서는 인구가 계속 늘고 있기 때문이에요.

## 그림으로 배우기

덮어 놓고 낳다 보면 거지꼴을 못 면한다.
1960년대
적극적인 산아제한 정책
딸·아들 구별 말고 둘만 낳아 잘 기르자!
1970년대
두 자녀 낳기 권장
둘도 많다!
1980년대
한 자녀 가정에 혜택
출산 장려 운동
현재
다자녀 출산 권장


정답 통폐합

# 76 인터넷에서 나쁜 말을 하면 경찰에 잡혀갈까?

학교에서 친구를 때리거나 괴롭히는 행동은 모두 학교 폭력이에요. 신체적 폭력뿐 아니라 정신적 폭력도 포함돼요. 친구의 **약점**을 잡아 놀리거나 하기 싫은 일을 시키거나 무시하는 행동도 폭력이 될 수 있어요. 장난이라도 상대방이 불쾌하면 폭력이 되므로 친구가 싫어하는 행동은 절대 하지 말아야 해요.

## 사이버 폭력

직접 만나 폭력을 쓰지 않더라도 휴대폰이나 온라인으로 친구를 괴롭히는 것도 폭력이에요. 온라인에서 하는 나쁜 말이나 행동도 상대방에게 큰 상처를 줄 수 있기 때문이지요. 휴대폰 메시지로 욕설을 하거나 나쁜 소문을 퍼뜨리거나 친구의 사진을 허락 없이 공유하는 것도 폭력이 될 수 있으니 주의해야 해요.

## 악성 댓글

온라인에서 타인에게 상처를 주는 행동은 법적 처벌을 받을 수 있어요. 예를 들어, 특정 연예인을 비방하는 글을 온라인상에 올리면 사이버 명예훼손으로 처벌될 수 있어요. 단순한 의견이 아닌 악성 댓글 역시 타인에게 심각한 상처를 줄 수 있으므로 온라인에서도 항상 예의를 갖추어야 해요.

## 어휘 퀴즈

다른 사람의 □□을 놀리는 것은 비겁한 행동이다.

다른 사람보다 뒤떨어지거나 떳떳하지 못한 점을 말해요.

## 상식 더하기

**온라인에서의 법적 규제와 보호**

인터넷이나 스마트폰 없이 살기 어려운 시대가 되면서 사이버 공간에서의 법적 규제가 강화되고 있어요. 이를 위해 만들어진 '정보통신망 이용 촉진 및 정보보호 등에 관한 법률'은 온라인에서 사람들을 보호하기 위한 법이에요. 타인에게 피해를 주거나 공포감을 주는 글을 게시하거나 불법 사진을 전송하는 경우에도 처벌을 받을 수 있어요.

## 상식툰

정답 약점

# 77 가짜 뉴스란 뭘까?

인터넷과 스마트폰의 발달로 우리는 다양한 정보를 쉽게 얻을 수 있어요. 그런데 인터넷을 통해 접하게 되는 정보들이 모두 올바른 것만 있는 것은 아니에요. 최근에는 인터넷에 가짜 뉴스가 많아지면서 사람들을 혼란에 빠뜨리고 있어요.

## 가짜 뉴스

가짜 뉴스는 사실이 아니거나 **왜곡**된 내용을 담고 있는 뉴스예요. 거짓 정보를 마치 진짜처럼 꾸미거나, 일어나지 않은 일을 실제 일어난 것처럼 만들어 낸 것을 말하지요. 가짜 뉴스는 일부러 거짓 정보를 넣어 만든 것이기 때문에 실수로 잘못된 정보를 보도한 '오보'와는 달라요. 가짜 뉴스는 사회에 큰 혼란을 일으킬 수 있어요. 예를 들어, 미국에서는 백악관이 불타고 국방부에 폭발이 일어났다는 가짜 사진이 퍼지면서 주식 시장에 큰 영향을 주기도 했어요. 인터넷이 발달하면서 이런 가짜 뉴스를 사실 확인 없이 퍼뜨리는 일이 많아져 문제가 되고 있어요.

## 가짜 뉴스 구별 방법

온라인에서 뉴스를 접했을 때는 그 정보를 그대로 믿지 말고 확인해 봐야 해요. 뉴스의 출처가 정확한지, 언제 어디서 쓰인 기사인지 꼭 확인해야 해요. 또한 기사 내용의 근거 자료가 부족하진 않은지, 다른 언론사에서도 보도한 내용인지 등을 확인해 보는 것이 필요해요.

## 어휘 퀴즈

역사의 □□을 바로잡아야 한다.

어떤 내용을 사실과 다르게 풀이하거나 바꾸는 것을 말해요.

## 상식 더하기

### 딥페이크 기술

딥페이크 기술은 인공지능(AI)을 이용해 영상이나 사진을 조작하는 첨단 기술이에요. 덕분에 누구나 쉽게 딥페이크 사진이나 영상을 만들 수 있게 되었어요. 하지만 딥페이크로 만든 가짜 사진이 가짜 뉴스와 함께 퍼지면서 사람들을 더욱 혼란스럽게 하고 있어요. 영상과 목소리까지 진짜처럼 보이기 때문이죠. 다른 사람의 사진을 허락 없이 딥페이크에 사용하는 것은 큰 잘못이며 처벌받을 수 있으니, 이런 행동은 절대 하지 않아야 해요.

## OX 퀴즈

이번 글을 읽고 알게 된 내용입니다. 사실인 것에 ○, 사실이 아닌 것에 × 하세요.

1 가짜 뉴스란 사실이 아니거나 왜곡된 정보를 담고 있는 뉴스 기사예요. □

2 가짜 뉴스는 잘못된 정보를 보도한 '오보'와 같은 뜻이에요. □

3 온라인에서 뉴스를 접했을 때는 그 정보를 그대로 믿지 말고 확인해 봐야 해요. □

정답 해설 | O, X, O

# 78 사라지는 직업 vs 새로 생긴 직업

옛날에는 집마다 전화기가 있었지만 요즘은 가족들이 각자 스마트폰을 사용하면서 집에 전화기가 없는 경우가 많아요. 이렇게 시대가 변하면서 물건뿐만 아니라 직업도 사라지거나 새로 생기곤 해요.

## 사라지는 직업

예전에는 버스를 탈 때 '버스 안내원'에게 버스표를 냈어요. 하지만 지금은 대부분 교통 카드를 사용하기 때문에 사라진 직업이지요. 또 연탄보일러를 쓰던 옛날에 연탄을 집까지 날라 주던 '연탄 배달부', 극장 간판 그림을 손으로 직접 그리는 '극장 간판 미술사' 같은 직업이 도시가스가 생기고 IT산업이 발달하면서 사라졌어요.

## 새로 생긴 직업

새롭게 생긴 직업도 있어요. 요즘 초등학생들이 좋아하는 직업인 '유튜버'는 10년 전만 해도 **생소한** 직업이었어요. 게임하는 것을 직업으로 하는 '프로게이머'도 마찬가지예요. 그 밖에도 온라인상 정보를 삭제해 주는 '디지털 장의사'나 무인 비행물체를 조종하는 '드론 조종사'처럼 기술이 발달하면서 새롭게 생겨난 직업들이 많아요. 앞으로도 새로운 직업이 더 많이 생겨날 거예요.

## 어휘 퀴즈

버스에서 자다 눈을 떠 보니 □□□ 곳에 와 있었다.

친숙하지 못하고 낯선 것을 말해요.

## 상식 더하기

**미래에는 어떤 직업이 생겨날까?**

인공지능(AI)이 사람보다 빠르고 정확하게 일을 처리하면서 일부 직업이 사라질 수 있다는 걱정이 있어요. 하지만 사라지는 직업만큼 새로운 직업도 많이 생겨날 거예요. 기술이 발전하면서 우주를 탐사하는 일이나 인공지능과 관련된 직업이 늘어날 거라고 해요. 또 사람들의 수명이 길어지고, 건강과 환경에 대한 관심이 커지면서 환경보호, 건강관리, 그리고 심리 상담과 관련된 직업도 더 많아질 거예요.

## 난센스 퀴즈

못 팔고도 돈 버는 직업은?

정답 생소한 | 철물점 주인(철물점은 못, 철사, 망치, 톱 같은 물건을 파는 가게예요.)

# 79 팝업 스토어란 무엇일까?

## MZ세대의 핫 플레이스, 팝업 스토어

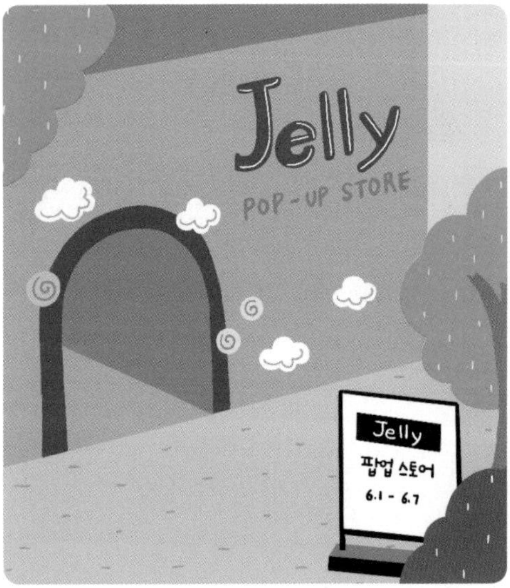


2021년에 문을 연 '더 현대 서울'은 서울에서 큰 백화점 중 하나이다. 이곳은 다양한 팝업 스토어를 선보이는 공간으로 젊은이들 사이에 유명해졌다. 1~2주마다 열리는 팝업 스토어 덕분에 '팝업 스토어의 성지'라고 불리며, MZ세대(밀레니얼+Z세대)의 핫 플레이스로 주목받고 있다.

## 브랜드와 소비자를 연결하는 팝업 스토어

팝업 스토어는 일정 기간만 운영하는 임시 상점으로, 주로 온라인에서 판매되는 상품을 오프라인에서 직접 체험할 수 있는 기회를 제공한다. 또한 새로운 브랜드나 제품을 홍보하기 위해 열리며, 정식 매장을 열기 전 소비자의 반응을 미리 살펴보는 역할도 한다. 반응이 좋으면 정식 매장을 여는 경우도 많다.

## 팝업 스토어의 역할

팝업 스토어는 사람들이 많이 오가는 장소에 설치되어 제품을 쉽게 체험할 수 있다. 매장을 방문하는 부담을 줄여 주고 소비자들이 더 편하게 접근할 수 있도록 해 주기도 한다. 또한 **이색적인** 이벤트를 통해 소비자의 관심을 끌고 방문객 수를 늘려 매출을 높이는 데 도움이 된다. 그래서 최근 백화점과 대형 매장들이 팝업 스토어를 적극 활용하고 있다.

## 어휘 퀴즈

처음 가 본 스페인 레스토랑의 음식은 □□□□ 맛이었다.

보통과는 다른 것을 말해요.

## 상식 더하기

### MZ세대란?

'MZ세대'는 밀레니얼 세대와 Z세대를 합쳐 부르는 말이에요. 주로 20대 중반에서 40대 초반에 이르는 이 세대는 경제적으로 안정된 1980년대 이후에 태어났어요. 최신 트렌드와 독특한 경험을 추구하며, 디지털 기기 사용이 익숙하고 SNS를 통해 경제적 영향력을 발휘하기도 해요.

## 그림으로 배우기

|  |  |  |   |
|---|---|---|---|
| 베이비붐 세대 | X세대 | MZ세대 | 알파세대 |
| 1955~1964년 출생<br>아날로그 중심 | 1965~1979년 출생<br>디지털 이주민 | 1980~2009년 출생<br>디지털 유목민,<br>디지털 네이티브 | 2010년 이후 출생<br>디지털 중심 |

정답 이색적인

# 80 사람들이 해외 직구를 하는 이유는?

여러분이 사용하는 물건을 살펴보면 어느 나라에서 만들어졌는지 적혀 있어요. 우리가 쓰는 제품의 **상당수**는 다른 나라에서 온 제품이에요. 기업이 정식으로 수입한 제품을 구입하기도 하지만, 개인이 해외에서 직접 물건을 구매해 배송받기도 해요. 이를 '직구'라고 하지요.

## 직구를 하는 이유

사람들이 직구를 하는 이유는 여러 가지가 있어요. 보통 해외에서 정식으로 수입해 물건을 팔면 관세와 부가가치세 등의 세금이 붙어 가격이 더 비싸져요. 하지만 직구를 하면 금액에 따라 세금이 거의 없거나 적고, 중간 유통 과정도 줄어서 더 저렴하게 살 수 있어요. 또 환율에 따라 더 싸게 살 수 있지요. 반면 가격이 조금 비싸더라도 우리나라에서 구하기 어려운 물건을 직구로 사는 경우도 있어요.

## 직구의 문제점

하지만 직구에는 단점도 있어요. 배송이 오래 걸리고 제품에 문제가 생겼을 때 교환이나 환불이 어려울 수 있다는 거예요. 사용하다가 고장이 났을 때 국내에서 A/S를 받기 힘들 수도 있어요. 또 가짜 물건을 파는 곳도 있으니 믿을 만한 판매처에서 구입해야 해요. 직구한 제품은 우리나라의 안전 인증을 거치지 않은 제품일 수도 있으므로 이런 점을 모두 고려해야 해요.

## 어휘 퀴즈

그곳에 모인 사람들의 □□□는 초등학생이었다.

보통에 가깝거나 그보다 더 많은 수를 말해요.

## 상식 더하기

**KC 마크란?**

물건을 팔기 위해서는 제품의 성능과 안전성을 인증 받아야 해요. 우리나라에서는 그 인증을 표시한 것이 KC 마크예요. KC는 '국가통합인증마크'라는 뜻으로 안전, 품질, 환경 등을 모두 검사한 후에 붙여요. 여러 기관에서 다른 인증 마크를 사용했는데, 사람들이 혼란스러워하지 않게 하나로 통합한 거예요. 우리나라에서 만든 제품뿐 아니라 수입된 제품도 KC 인증을 받아야 국내에서 팔 수 있어요.

## 미로 찾기

비행기를 타고 건물에 도착할 수 있게 미로를 찾아가 보세요.

정답 상당수 | 212쪽 그림 참고

# 81 여자는 마라톤을 뛰지 못했다고?

20세기 초반에는 여성에 대한 차별과 편견이 많아서 여자들이 스포츠에 참여하는 것은 옳지 않다고 생각했어요. 특히 마라톤 같은 장거리 경주는 여성들이 참여하는 게 금지되었어요.

## 첫 여성 마라토너의 탄생

미국의 대학생 캐서린 스위처는 마라톤 대회에서 완주하는 것이 꿈이었어요. 1967년 캐서린은 남자 코치가 대신 받아 준 261번 번호표를 달고 보스턴 마라톤에 출전했어요. 대회 주최 측은 여성이 대회에 참가했다는 걸 알고 캐서린을 끌어내려 했지만, 코치와 남자 친구의 도움으로 끝까지 달릴 수 있었어요. 비록 첫 경기에서 실격 처리가 되었지만 많은 사람들이 캐서린을 응원했고, 결국 최초의 여성 마라토너로 인정받게 되었어요.

## 편견을 깬 용기

캐서린의 마라톤 완주는 여성의 자유로운 스포츠 참여를 위한 논의로 이어졌어요. 그 결과 5년 뒤인 1972년부터 여성도 마라톤에 참가할 수 있게 되었지요. 1984년 LA 올림픽에서는 여성 마라톤이 정식 종목으로 채택되었어요. 캐서린의 용기 있는 선택이 여성에 대한 **편견**을 깨는 데 큰 역할을 했어요. 2017년, 70살이 된 캐서린은 다시 보스턴 마라톤을 완주하며 많은 사람들에게 감동을 주었고, 그녀가 사용한 번호 261번은 영구결번으로 남게 되었어요.

## 어휘 퀴즈

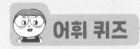

여자는 과학을 못한다고 생각하는 것은 □□이야.

공정하지 못하고 한쪽으로 치우친 생각을 말해요.

## 상식 더하기

### 영구결번이란?

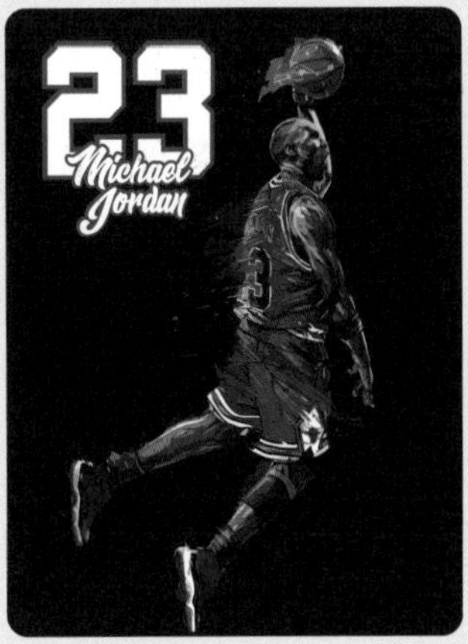


'영구결번'은 특정 번호를 더 이상 쓰지 않기로 정하는 거예요. 주로 스포츠에서 뛰어난 활약을 한 선수를 기억하기 위해 사용되지요. 이 번호는 다른 선수들이 쓸 수 없어서 그 선수를 특별히 기리는 데 의미가 있어요. 예를 들어 미국 농구 NBA에서는 농구 황제로 불렸던 마이클 조던의 등번호 23번을 영구결번으로 지정해 아무도 그 번호를 쓰지 못하게 했어요.

## 상식 퀴즈

마라톤을 완주하려면 몇 km를 달려야 할까요?

정답 편견 | 42.195km

# 82 대영박물관이 무료인 이유는?

세계에서 가장 유명한 박물관 중에 프랑스의 루브르박물관과 영국의 대영박물관이 있어요. 그중에서 영국 런던에 있는 대영박물관은 입장료가 무료라는 점이 특별해요. 대영박물관은 세계 최초의 국립 공공 박물관으로 800만 점이 넘는 유물과 예술품이 있어요. 그런데 왜 입장료를 받지 않을까요?

## 대영박물관 입장료가 무료인 이유

대영박물관의 유물은 대부분 외국에서 가져온 것이에요. 국제 박물관 헌장에 따르면 박물관의 유물이 자기 나라 것보다 외국에서 가져온 것이 더 많으면 입장료를 받을 수 없어요. 대영박물관의 유물 중 90% 이상이 다른 나라의 것이기 때문에 입장료를 받지 않는 거예요. 이곳에서는 영국과 유럽은 물론, 이집트, 그리스, 아시아, 아프리카 등 세계 여러 나라의 유물과 예술품을 볼 수 있어요.

## 해가 지지 않는 나라, 영국

영국은 16세기에 강력한 해군을 바탕으로 여러 나라를 식민지로 삼으며 영토를 넓혔어요. 19세기에는 호주, 뉴질랜드, 남아프리카, 인도까지 차지하며 **전성기**를 누렸어요. 영국은 지구의 약 4분의 1이나 되는 영토를 다스렸어요. 전 세계 곳곳에 식민지가 있어서, 영국 영토 중 한쪽에서 해가 지면 다른 한쪽에서 해가 떠오른다고 하여 영국을 '해가 지지 않는 나라'라고 불렀답니다.

## 어휘 퀴즈

삼국시대에는 한강을 차지한 나라가 □□□를 누렸다.

세력이 한창 왕성한 시기를 말해요.

## 상식 더하기

### 인도의 비폭력 불복종 운동

옛날 인도는 영국의 식민지였어요. 이때 마하트마 간디가 비폭력 불복종 운동을 시작했어요. 이 운동은 폭력을 쓰지 않고 정부의 정책이나 법에 맞서 싸우는 평화로운 방법이었어요. 간디의 노력 덕분에 인도 사람들은 독립에 대한 강한 의지와 자부심을 느끼게 되었어요. 그의 평화로운 저항 방법은 미국의 흑인 해방 운동에도 영향을 주었답니다.

## 상식툰

영국이 유럽의 작은 섬나라에서 대영제국으로 성장할 수 있게 만든 왕들이 있어.
한 명은 스페인 무적함대를 격파하고 대영 제국의 기틀을 마련한 엘리자베스 1세!
다음은 무려 64년 동안 영국을 통치하며 해가 지지 않는 나라를 이끈 빅토리아 여왕!
맞아. 영국은 아직도 왕이 다스리는 나라야. 2022년에는 찰스 3세가 왕위에 올랐어.


정답 전성기

# 83 오페라와 뮤지컬, 어떻게 다를까?

문화생활을 즐기는 사람들이 많아지면서 오페라와 뮤지컬을 찾는 이들이 늘어나고 있어요. 오페라와 뮤지컬은 모두 음악, 무용, 연기가 어우러진 멋진 공연이지만 두 가지는 서로 다른 점이 있어요.

## 노래가 중요한 오페라

오페라는 주로 클래식 음악으로 만들어진 공연이에요. 과거에는 유럽의 상류층이 주로 즐기던 공연이었지요. 오페라는 대화 대신 노래로 이야기를 전하기 때문에 음악의 비중이 커요. 공연 중에는 마이크를 사용하지 않고 노래를 불러야 해서 가창력이 특히 중요하지요. 오페라는 보통 뮤지컬보다 공연 시간이 길고, 내용이 좀 더 어렵고 진지한 경우가 많아요. 또 번역이나 **개사** 없이 원곡을 그대로 부르는 것이 특징으로, 이탈리아어나 독일어, 프랑스어 등으로 부르지요.

## 연기가 중요한 뮤지컬

뮤지컬은 오페라에 대중음악이 더해져서 만들어진 공연으로 좀 더 쉽고 재미있는 내용을 많이 담고 있어요. 일상적인 대화 같은 대사와 노래가 번갈아 나오며 노래보다는 연기에 더 중점을 두고 있어요. 그래서 뮤지컬에서는 '배우'라는 표현을 쓰지요. 오페라보다 더 쉽게 다가갈 수 있고, 춤과 같은 다양한 볼거리가 많답니다. 노래도 번역하거나 개사해서 사람들이 친숙하게 즐길 수 있어요.

## 어휘 퀴즈

유명한 노래를 □□하여 응원가로 만들었다.

가사를 바꾸어 부르는 것을 말해요.

## 상식 더하기

### 공연 예절, 인터미션

연극, 뮤지컬, 오페라처럼 공연 시간이 긴 경우 중간에 잠시 쉬는 시간이 있어요. 이 시간을 '인터미션'이라고 해요. 공연 중에는 극장 안에서 자리를 옮기는 것이 예의에 어긋나기 때문에, 화장실에 가고 싶으면 인터미션 시간에 다녀오는 것이 좋아요. 또 공연장에서는 음식을 먹거나 큰 소리로 이야기하는 것도 주의해야 해요. 사진을 찍거나 휴대폰을 사용하는 행동도 하지 않아야 해요. 공연을 즐길 때는 다른 관객들을 배려하는 태도가 중요하답니다.

## 난센스 퀴즈

숫자 5가 가장 싫어하는 공연은?

정답 개사 | 오페라(5 빼라)니까 들으면 5가 싫어해요.

# 84 기네스북을 맥주 회사에서 만들었다고?

세계 각지, 각 분야의 최고가 기록된 기네스북이 맥주 회사에서 만든 책이라는 사실을 알고 있나요?

## 기네스북의 탄생

아일랜드에 살던 아서 기네스는 맥주를 좋아해서 '기네스'라는 맥주 회사를 만들었어요. 이후 그의 자손들이 회사를 물려받아 운영했지요. 1950년대에는 기네스의 4대손인 휴 비버 경이 회사를 운영하고 있었어요. 어느 날, 휴 비버는 유럽에서 가장 빠른 새가 무엇인지 궁금했지만, 어디에서도 정확한 기록을 찾을 수 없었어요. 그래서 재미있는 기록들을 모아 책을 만들기로 결심했지요. 그는 당시 유명한 기록 수집가인 맥훠터 형제와 함께 자료를 모아서 기록집을 발간했어요. 이 책이 바로 우리에게 '기네스북'으로 알려진 '더 기네스북 오브 레코즈(The Guinness Book of Records)'예요.

## 기네스북의 인기

1955년 8월 27일 처음 출간된 기네스북은 큰 인기를 끌며 금세 베스트셀러가 되었어요. 이후 전 세계에서 1억 부 이상 팔렸어요. 현재 기네스북은 약 40개국 언어로 번역되어 출판되고 있고, 한국어판도 나와 있어요. 다만 기네스북의 기록은 학문적으로 엄격히 측정된 것은 아니므로 **맹신**하지 않는 것이 좋아요. 또 매년 새로운 기록이 추가되기 때문에 영구적인 기록은 아니에요.

## 어휘 퀴즈

준우는 내 말이라면 무엇이든 옳다고 □□했다.

옳고 그름을 가리지 않고 무조건 믿는 것을 말해요.

## 상식 더하기

### 우리나라의 기네스북 기록

정동진역

우리나라 정동진역은 세계에서 바다와 가장 가까운 기차역으로, 신세계백화점 센텀시티점은 세계 최대 백화점으로 기네스북에 올랐어요. 연예인 강호동은 8시간 동안 가장 많이 악수한 사람으로, 황광희는 252장의 티셔츠를 입어 가장 많이 옷을 껴입은 사람으로 기록되었어요.

## 그림으로 배우기

인류 역사상 가장 키가 컸던 사람은 272cm 로버트 퍼싱 워들로
가장 작았던 사람은 54.6cm 찬드라 바하두르 당기
성인 몸무게로 가장 가벼웠던 사람은 5.9kg 루시아 자라테
가장 무거웠던 사람은 635kg 존 브로워 미노치

정답 맹신

# 85 노벨상에는 어떤 종류가 있을까?

많은 과학자들이 꿈꾸는 노벨상에 대해 들어 본 적이 있나요? 노벨상은 스웨덴의 발명가 알프레드 노벨이 만든 국제적으로 권위 있는 상이에요.

## 다이너마이트를 발명한 알프레드 노벨

노벨은 스웨덴에서 태어났어요. 기계공학과 화학을 공부한 노벨은 건축 기술자 아버지가 하는 건설업에 도움이 되고 싶었어요. 그래서 공장 같은 큰 건물을 철거할 수 있는 폭탄을 연구했어요. 당시 사용하던 액체 폭탄은 다루기가 어렵고 사고가 잦았거든요. 노벨은 다루기 쉽고 안전한 고체 폭탄인 다이너마이트를 발명했어요. 덕분에 유럽 최대 부자가 되었지만 노벨은 자신이 발명한 다이너마이트가 전쟁에 사용되는 것을 보고 마음이 아팠어요.

## 노벨상의 시작

노벨은 죽기 전에 자신이 모은 재산으로 인류에게 도움을 준 사람들에게 상을 주라는 유언을 남겼어요. 그는 과학의 발전과 세계 평화를 함께 이루고자 하는 바람을 담아 물리학, 화학, 생리학 및 의학, 문학, 평화의 5개 분야에 상을 만들었어요. 나중에 스웨덴 중앙은행이 경제학상을 추가하여 지금은 6개 분야에서 상이 주어지고 있어요. 노벨상은 각 분야의 전문가들이 신중하고 까다롭게 수상자를 선정하여 세계적으로 매우 **명성**이 높아요.

## 어휘 퀴즈

교수님은 컴퓨터 분야 전문가로 □□이 자자하다.

이름이 세상에 널리 알려지고 칭찬받는 것을 말해요.

## 상식 더하기

### 우리나라의 노벨상

우리나라에서는 2000년에 김대중 전 대통령이 남북 화해와 평화에 기여한 공로로 노벨 평화상을 받았어요. 한국 최초의 노벨상 수상자가 탄생했지요. 그리고 두 번째로는 2024년 작가 한강이 한국인 최초이자, 아시아 여성 최초로 노벨 문학상을 받았어요. 작가의 대표 작품으로는 <소년이 온다>, <채식주의자>, <작별하지 않는다> 등이 있어요.

## 난센스 퀴즈

노벨상의 반대말은?

정답 명성 | 예스벨상

# 86 빌보드 차트란 무엇일까?

전 세계적으로 우리나라 대중가요인 케이팝(K-pop)이 높은 인기를 끌고 있어요. 이에 따라 우리나라 노래가 빌보드 차트에 **진입**했다는 기사를 쉽게 볼 수 있어요.

## 빌보드 차트

'빌보드 차트'란 미국의 음악 잡지 빌보드에서 매주 발표하는 대중음악 순위예요. 1936년에 시작되어 지금까지 이어지고 있어요. 전 세계에서 가장 대중적이고 권위 있는 음악 차트로 꼽혀요. 빌보드 차트에 이름을 올렸다는 것은 가수나 앨범이 전 세계적으로 인기를 얻고 있다는 것을 의미해요. 그래서 가수들은 큰 영광으로 여기지요.

## 우리나라 가수와 빌보드 차트

빌보드 차트에는 두 가지 주요 순위가 있어요. 노래 순위를 정하는 빌보드 핫 100과 앨범 순위를 정하는 빌보드 200이에요. 우리나라 가수가 처음 빌보드 핫 100에 이름을 올린 건 원더걸스의 Nobody였고, 이어서 싸이의 강남스타일이 2위까지 올라 전 세계를 깜짝 놀라게 했어요. 이후 방탄소년단(BTS)의 DNA와 MIC Drop이 빌보드 핫 100에 진입하면서 K-pop 열풍이 시작되었어요. 특히 방탄소년단의 Dynamite는 빌보드 차트 1위를 기록하며 새로운 역사를 쓰기도 했어요. 그 후 블랙핑크, 뉴진스를 비롯한 한국 가수들이 빌보드 차트에 오르는 일이 많아졌어요.

## 어휘 퀴즈

우리나라 축구팀이 월드컵 본선 □□에 성공했다.

향하여 들어간다는 뜻이에요.

## 상식 더하기

### K-pop 열풍

빌보드 차트에 우리나라 가수의 노래가 자주 등장한다는 것은 K-pop이 전 세계에서 인기를 끌고 있다는 뜻이에요. K-pop은 한국 문화를 세계에 알리는 데 중요한 역할을 하고 있어요. 그리고 이를 좋아하는 팬들이 한국을 방문하면서 관광객도 늘어나고 경제에 긍정적인 영향을 미쳐요. K-pop 산업은 빠르게 성장하고 있으며 앞으로도 더욱 성장할 것으로 예상된답니다.

## 상식툰

정답 진출

# 87 올림픽에서 금메달을 따면 어떤 혜택이 있을까?

## 올림픽 메달, 경제적 혜택과 명예를 동시에!

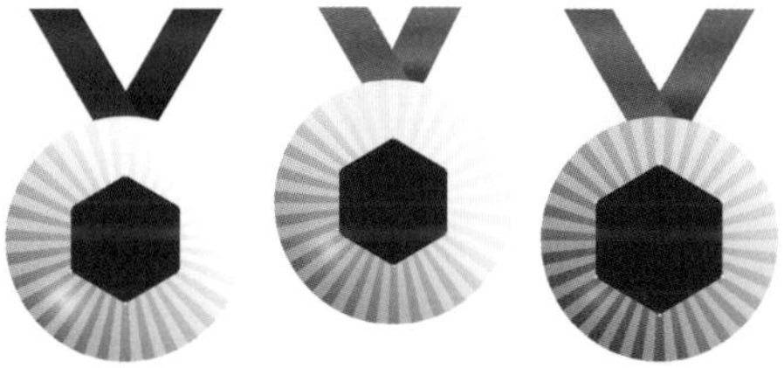

운동 경기는 선수들의 노력이 빛나는 중요한 도전의 장이다. 그중에서도 올림픽은 모든 운동선수들이 꿈꾸는 무대이다. 많은 사람들이 관심을 갖고, 선수들에게 주어지는 보상이 크기 때문이다. 그렇다면 올림픽에서 메달을 딴 선수들은 어떤 보상을 받게 될까?

### 평생 받는 연금과 포상

메달을 딴 선수들은 상당한 포상금을 받게 된다. 금메달은 6,300만 원, 은메달은 3,500만 원, 동메달은 2,500만 원의 포상금을 받는다. 메달을 따지 못해도 참가한 선수와 지도자에게는 300만 원의 포상금이 지급된다. 또 메달을 딴 선수는 60세 이후 매달 연금을 받게 된다. 금메달은 매달 100만 원, 은메달은 75만 원, 동메달은 52만 5천 원을 받게 되는데, 일시금으로 한 번에 받을 수도 있다. 단체전 메달은 개인전 금액의 75%를 받고, 메달을 여러 개 따도 연금은 최대 100만 원까지만 받을 수 있다.

### 남자 선수들의 병역 혜택

남자 선수들은 올림픽에서 메달을 따면 **병역** 혜택도 받을 수 있다. 군대에 가지 않고, 34개월 동안 예술 체육 요원으로 관련된 봉사 활동을 하면서 병역 의무를 대신하는 것이다. 덕분에 많은 남자 선수들이 운동 경력을 이어갈 수 있다. 이처럼 올림픽 메달은 선수들에게 큰 명예뿐 아니라 많은 경제적 혜택과 생활 편의를 제공하는 중요한 성과로 평가된다.

## 어휘 퀴즈

우리 형은 □□의 의무를 다하기 위해 군대에 입대했다.

국민으로서 수행해야 하는 군사적 의무를 말해요.

## 상식 더하기

### 예술 체육 요원

우리나라에는 나라를 빛낸 예술이나 체육 특기자가 군 복무 대신 예술 체육 요원으로 복무할 수 있는 제도가 있어요. 체육 분야에서는 올림픽 3위 이내, 아시아 경기 1위, 예술 분야에서는 국제 대회 2위 이상, 국제 대회가 없을 때는 국내 대회 1위를 하면 혜택을 받을 수 있어요. 피아니스트 조성진은 2015년 쇼팽 국제 피아노 콩쿠르에서 우승하여 예술 체육 요원으로 복무했어요.

## 상식툰

정답 병역

# 88 컴퓨터 게임도 스포츠일까?

게임을 하면서 여가 시간을 보내는 친구들이 많아요. 게임은 혼자 할 수도 있지만 인터넷을 통해 다른 사람들과 실시간으로 승부를 겨룰 수도 있어요. 게임의 인기가 높아지면서 축구 선수나 야구 선수처럼 게임을 전문적으로 하는 직업도 생겼어요. 이런 게임 선수를 프로게이머라고 하지요. 프로게이머는 특별한 전략과 기술을 사용해 대회에 참가해요.

## 스포츠의 한 분야가 된 게임

프로게이머들이 참가하는 대회가 많아지면서 컴퓨터 게임을 'e스포츠'라고 부르게 되었어요. 일부 사람들은 신체를 사용하는 스포츠와 다르게 게임은 스포츠가 아니라고 생각하기도 해요. 하지만 우리나라의 프로게이머 이상혁 선수는 "스포츠의 본질은 경쟁을 통한 **영감**을 주는 것이다. e스포츠도 그 역할을 할 수 있다면 스포츠로 인정받아야 한다."라고 말했어요.

## 정식 종목으로 채택된 e스포츠

e스포츠가 점점 더 많은 사람들에게 인정받기 시작하면서, 2022년 항저우 아시안게임에서 처음으로 정식 종목으로 채택되었어요. 우리나라 대표팀은 리그 오브 레전드(LoL)와 배틀그라운드 모바일, 스트리트 파이터 5, 피파 온라인 등 4개 종목에 출전하여 전 종목에서 메달을 획득했답니다.

## 어휘 퀴즈

바다를 바라보다 멋진 노래에 대한 □□이 떠올랐다.

창조적인 일의 계기가 되는 기발한 생각이나 자극을 말해요.

## 상식 더하기

### 페이커 이상혁

우리나라는 오래전부터 e스포츠 강국으로 인정받고 있어요. 우리나라 선수들은 각종 국제 대회에서 우승하며 그 사실을 입증하고 있어요. 특히 '페이커'라는 이름으로 유명한 이상혁 선수는 롤드컵이라 불리는 '리그 오브 레전드 월드 챔피언십'에서 다섯 차례 우승하며 전 세계 e스포츠의 일인자로 불리고 있어요.

## OX 퀴즈

이번 글을 읽고 알게 된 내용입니다. 사실인 것에 ○, 사실이 아닌 것에 × 하세요.

1. 게임의 인기가 높아지면서 게임을 전문적으로 하는 직업이 생겼어요. ☐
2. 이상혁 선수는 스포츠의 본질이 경쟁을 통한 영감을 주는 것이라 말했어요. ☐
3. e스포츠는 원래부터 아시안게임 정식 종목이었어요. ☐

정답 영감 | O, O, X

# 89 피카소는 왜 유명할까?

세상에서 가장 유명한 미술가 중 한 명인 파블로 피카소의 그림은 마치 어린 아이의 낙서처럼 엉뚱하고 복잡해 보여요. 그림 속 얼굴은 눈, 코, 입이 모두 비뚤어진 것처럼 그려져 있지요. 그런데도 피카소가 20세기 최고의 미술가로 꼽히는 이유는 무엇일까요?

## 입체파의 대표, 파블로 피카소

피카소는 그림을 아주 잘 그렸지만 사진처럼 똑같이 그리는 것에는 흥미가 없었어요. 그리려는 대상을 여러 방향에서 입체적으로 관찰하고 자신만의 방식으로 재구성했지요. 처음 그림을 보면 우스꽝스럽게 느껴질 수 있지만, 피카소의 이런 방식은 전통적인 스타일에서 벗어난 매우 독특한 시도였어요. 물체를 다양한 각도에서 그려 입체적으로 표현한 그의 그림은 현대 미술에 큰 영향을 주었지요.

## 사회문제에 관심을 가졌던 미술가

피카소는 사회문제에도 관심이 많았어요. 그는 스페인 내전 중 독일 나치군에 의한 민간인 학살을 다룬 작품 '게르니카'를 그렸어요. 이 그림에는 부상당한 사람들과 고통 속에서 절규하는 사람들이 그려져 있어요. 또 6·25 전쟁의 아픔을 담은 '한국에서의 학살'이라는 작품도 남겼어요. 새로운 표현 방법을 시도하고 사회문제를 작품에 담은 그는 오늘날까지 현대 미술의 **거장**으로 존경받고 있어요.

## 어휘 퀴즈

이번 음악회에서는 전 세계 □□들의 곡을 감상할 수 있다.

어떤 분야에서 두고두고 이름을 남길 만큼 뛰어난 사람을 말해요.

## 상식 더하기

입체주의는 20세기 프랑스 파리에서 일어난 미술 운동이에요. 이전까지의 미술은 사실 그대로의 모습을 그렸어요. 하지만 입체주의 화가들은 전통적인 표현 방식에서 벗어나 대상을 여러 방향에서 본 모습을 표현했어요. 입체주의의 대표적인 작가로는 피카소와 조르주 브라크, 후안 그리스 등이 있어요. 입체주의를 큐비즘이라고도 해요.

## OX 퀴즈

이번 글을 읽고 알게 된 내용입니다. 사실인 것에 ○, 사실이 아닌 것에 × 하세요.

1. 피카소는 물체를 다양한 각도에서 그려 입체적인 면을 강조했어요. □
2. 피카소는 사회문제에 관심이 많았어요. □
3. '게르니카'라는 작품은 우리나라 6·25 전쟁의 아픔을 그린 그림이에요. □

정답 거장 | O, O, X

문화 상식 자연 과학 사회

# 90 유튜브 실버 버튼이 뭘까?

"영상을 재미있게 보셨다면 구독과 좋아요를 눌러 주세요." 유튜브를 볼 때 자주 나오는 말이죠? 많은 어린이들이 꿈꾸는 유튜버는 자신이 만든 영상을 많은 사람이 볼수록 더 많은 수익을 내는 직업이에요. 그래서 구독자가 많을수록 더 큰 수익을 기대할 수 있어요.

## 인기 유튜버에게 주어지는 버튼

유튜브에서는 구독자 수가 많은 유튜버에게 특별한 선물을 줘요. 채널의 구독자 수에 따라 유튜브 CEO의 편지와 함께 특별한 버튼을 보내 주지요. 10만 명이 넘으면 실버 버튼, 100만 명이 넘으면 골드 버튼, 1,000만 명이 넘으면 다이아 버튼을 **수여**해요. 국내에서 첫 다이아 버튼을 받은 채널은 SM엔터테인먼트 소속 아티스트들의 채널인 'SMTOWN'이에요. 유튜브에서 주는 버튼은 그 채널이 얼마나 인기가 많은지 보여 주는 상징이라고 할 수 있어요.

## 루비 버튼이란?

유튜브 구독자가 5천만 명을 넘으면 루비 버튼을 받게 돼요. 우리나라 전체 인구와 비슷한 수의 구독자가 있으면 받는 것이죠. 유튜브 플레이 버튼 모양의 실버, 골드, 다이아 버튼과 달리 루비 버튼은 그 채널을 상징하는 특별한 디자인으로 만들어 선물해 주어요. 그래서 루비 버튼은 유튜버마다 모양이 달라요. 우리나라에서는 가수인 블랙핑크의 채널이 처음으로 루비 버튼을 받았지요.

## 어휘 퀴즈

선생님은 선거 결과에 따라 2학기 회장 임명장을 □□하셨다.

증서, 상장, 훈장 따위를 준다는 뜻이에요.

## 상식 더하기

©Pinkfong

"아기상어 뚜루루뚜루, 귀여운 뚜루루뚜루, 바닷속 뚜루루뚜루 아기상어!" 더핑크퐁컴퍼니의 '핑크퐁 아기상어 체조(Baby Shark Dance)' 영상은 귀에 맴도는 멜로디로 전 세계 유튜브 조회수 1위를 기록했어요. 이 영상이 공개된 핑크퐁 영어 채널은 2021년 6월에 유튜브 구독자 수 5천만 명을 돌파하며, 루비 버튼이라고 불리는 '5000만 어워드(50 Million Award)'를 수상했어요.

## 상식 퀴즈

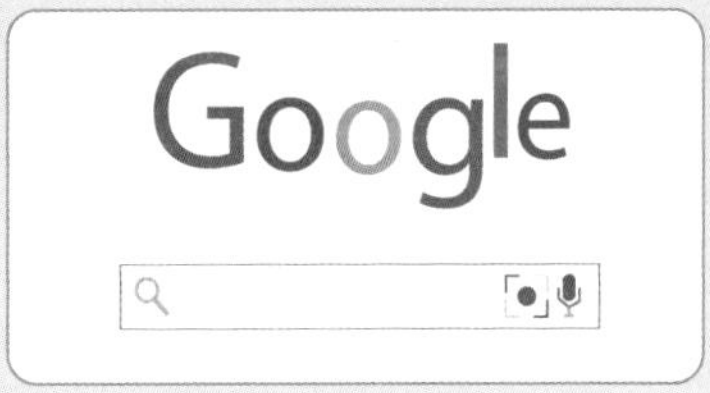


유튜브는 어느 회사에서 운영하는 플랫폼일까요?

① 구글

② 마이크로소프트

③ 네이버

④ 카카오톡

정답 수여 | ① 구글

# 91 미슐랭 가이드가 뭘까?

미슐랭 가이드는 전 세계적으로 유명한 맛집 안내 책이에요. 이 책에 실린 식당은 맛있는 음식을 제공하는 곳으로 인정받은 셈이지요. 그런데 이 책이 사실 타이어 회사에서 시작된 것을 알고 있나요?

## 타이어 회사에서 맛집 정보를?

미슐랭은 프랑스의 타이어 회사 이름이에요. 창업자 앙드레 미슐랭은 타이어 판매를 늘릴 방법을 고민하다가, 사람들이 여행을 많이 다니면 타이어가 더 필요할 거라고 생각했어요. 그래서 여행 안내 책을 만들어 무료로 나눠 주었어요. 처음에는 자동차 관련 정보와 숙박 시설, 음식점 등을 소개했는데, 특히 맛집에 대한 관심이 높아지면서 이 안내 책이 점점 유명해졌어요. 미슐랭은 음식점에 별을 붙여 평가하기 시작했고, 이것이 미식가에게 **호평**을 받으면서 미슐랭 가이드가 맛집 안내 책의 원조로 자리 잡게 되었어요.

## 미슐랭 스타

미슐랭 가이드의 평가원은 평범한 손님인 척 여러 차례 음식점에 방문해서 평가한 뒤 미슐랭 스타 등급을 매겨요. 1스타는 훌륭한 요리, 2스타는 일부러 찾아갈 만한 요리, 3스타는 그 식당에 가기 위해 특별히 여행할 가치가 있는 요리를 의미해요. 미슐랭 스타는 재료, 맛, 기술, 가격, 일관성 등을 기준으로 엄격히 평가되기 때문에 이를 받는 것은 큰 영광으로 여겨져요.

## 어휘 퀴즈

> 우리나라 화장품이 외국에서 □□을 받고 있다.

좋게 평한다는 뜻이에요.

## 상식 더하기

**블루 리본**

미슐랭 가이드가 전 세계적으로 가장 유명한 맛집 안내 책이라면 우리나라에는 '블루 리본'이라는 맛집 안내 책이 있어요. 블루 리본은 2005년에 처음 만들어졌어요. 미슐랭 가이드와 달리 일반인도 맛집 평가에 참여할 수 있어요. 블루 리본 1개는 다시 방문해도 좋은 식당, 2개는 주변 사람들에게 추천하고 싶은 식당, 3개는 요리 수준이 아주 높은 식당을 의미해요.

## 난센스 퀴즈

다리미가 가장 좋아하는 음식은?

정답 호평 | 피자

# 92 인류의 소중한 유산, 함께 지켜요

옛 선조로부터 물려받은 소중한 자산을 '유산'이라고 해요. 유네스코는 유엔의 전문 기관으로, 인류의 문화유산과 자연유산을 보호하기 위해 노력하며, 교육, 과학, 문화 등의 분야에서 일하고 있어요.

## 유네스코 유산 사업의 시작

1960년대 이집트의 아부심벨 신전이 아스완 하이 댐 건설로 물에 잠길 위기에 처했어요. 이 신전은 고대 이집트 왕 람세스 2세가 만든 중요한 문화유산으로, 1년에 두 번만 태양 빛이 들어오는 신비한 장소였어요. 유네스코는 이 소중한 유산을 지키기 위해 신전을 통째로 옮겼고, 이 일을 계기로 인류의 중요한 유산을 **발굴**하고 보호하는 활동을 시작했답니다.

## 유네스코 세계유산의 종류

유네스코 세계유산은 크게 문화유산과 자연유산으로 나뉘어요. 문화유산은 후손에게 물려줄 가치가 있는 기념물이나 건축물, 유적지 등을, 자연유산은 특별히 보호할 가치가 있는 자연환경을 말해요. 1989년에는 옛 공연과 기술, 문화를 지키기 위해 무형유산도 추가되었고, 1992년에는 역사적으로 중요한 기록을 보호하는 기록유산도 생겼어요. 이렇게 유네스코는 소중한 유산을 지키고 보존하려는 노력을 계속하고 있어요.

## 어휘 퀴즈

실력 있는 청소년을 □□해 가수로 데뷔시켰다.

세상에 널리 알려지지 않거나 뛰어난 것을 찾아서 밝혀낸다는 뜻이에요.

## 상식 더하기

**우리나라의 대표적인 유네스코 유산**

유네스코의 유산 목록에 올라간 우리나라의 문화유산에는 남한산성, 석굴암과 불국사, 창덕궁 등이 있어요. 자연유산으로는 서해안 갯벌, 제주 화산섬과 용암 동굴이 있지요. 무형유산으로는 아리랑, 김장 문화 등이 올라가 있고, 이순신 장군의 난중일기, 허준의 동의보감, 조선왕조실록이 기록유산에 포함되어 있어요.

## 상식 퀴즈

유네스코 세계유산에 대해 설명하는 단어와 문장을 알맞게 연결해 보세요.

| | |
|---|---|
| 자연유산 • | • ① 사라지고 있는 옛 공연 예술, 기술, 문화를 보호해요. |
| 무형유산 • | • ② 인류 역사에 의미 있고 중요한 기록을 보호해요. |
| 기록유산 • | • ③ 특별히 보호할 가치가 있는 자연환경을 말해요. |

정답 발굴 | 자연유산-③, 무형유산-①, 기록유산-②

# 93 성장하는 아이돌 굿즈 시장

## K-pop 굿즈, 아이돌을 응원하는 방법

K-pop이 전 세계적으로 인기를 끌면서 아이돌 굿즈 시장도 커지고 있다. '굿즈'는 아이돌을 좋아하는 팬들이 그들을 응원하기 위해 사는 물건을 말한다. 굿즈는 팬들에게 큰 즐거움을 주고, 팬덤 문화를 더 재미있게 만드는 요소로 작용하고 있다.

### 다양한 K-pop 굿즈

가장 대표적인 굿즈로는 응원봉이 있다. 응원봉은 가수를 상징하는 색으로 만들어져 콘서트에서 흔들면서 응원하는 도구이다. 예전에는 야광봉이나 풍선을 많이 사용했지만, 요즘은 색이 변하는 램프처럼 더 화려한 응원봉이 등장했다. 이런 굿즈는 주로 콘서트, 팬미팅, 앨범 출시를 앞둔 짧은 기간에만 판매되기 때문에 모으는 재미가 있다.

### 인기 굿즈, 포토 카드

최근 인기 있는 굿즈는 '포카'라 불리는 포토 카드다. 아이돌 사진이 담긴 이 카드는 보통 앨범에 랜덤으로 들어 있다. 원하는 카드를 얻기 위해 앨범을 여러 개 사는 팬도 있다. 하지만 포토 카드만 꺼내고 앨범을 버리는 일이 늘면서, 이런 **상술**에 대한 비판이 나오고 있다.

## 어휘 퀴즈

돈을 벌기 위한 지나친 □□은 눈살을 찌푸리게 한다.

장사하는 재주나 꾀를 말해요.

## 상식 더하기

**팬덤 문화**

'팬덤'은 어떤 사람이나 분야를 열심히 좋아하는 사람이나 그 무리를 말해요. 예전에는 연예인을 따라다니는 모습이 많았지만, 요즘은 자신의 취향을 건강하게 표현하는 문화로 바뀌었어요. 특히, 팬들은 아이돌의 이름으로 기부하며 선행을 실천해 가수와 팬덤 모두에게 긍정적인 이미지를 만들고 있어요.

## 상식툰

내 최애 아이돌 덕질하는 건 정말 행복해. 콘서트 가서 떼창도 하고 싶어!
최애? 덕질? 떼창? 그게 다 뭐니?
알려드릴게요
꺄~
최애
최고로 애정한다는 뜻.
덕질
어떤 분야, 사람을 열성적으로 좋아해 관련된 것을 모으거나 파고드는 것.
떼창
떼를 지어 노래를 부르는 것.

정답 상술

# 94 아이들은 SNS를 못 할까?

요즘 틱톡이나 인스타그램 릴스 같은 짧은 영상을 공유하는 앱이 10대들 사이에서 인기예요. 초등학생들도 영상을 보거나 직접 찍어 올리기도 하지요. 그런데 틱톡이나 인스타그램은 만 14세 이상이 되어야 가입할 수 있다는 사실, 알고 있었나요?

## 온라인 속 세상, SNS

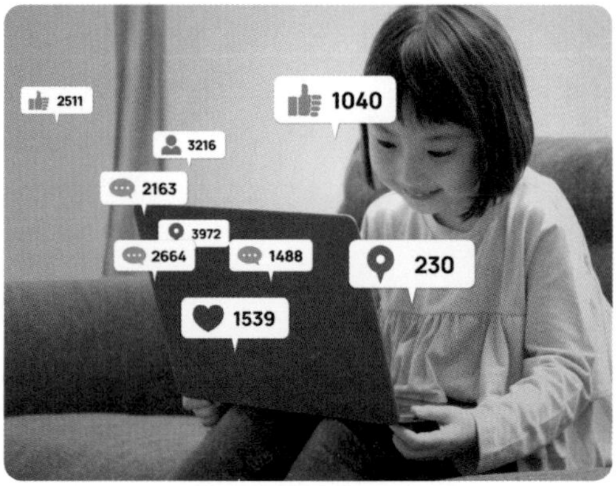


SNS는 '소셜 네트워크 서비스(Social Network Service)'의 줄임말로, 사람들과 사진, 영상, 글을 주고받으며 소통할 수 있는 온라인 플랫폼이에요. 대표적인 SNS로는 페이스북, 인스타그램, 틱톡 등이 있어요. 하지만 어린이들은 가입이 제한되어 있어요. 모르는 사람들과의 접촉이 위험할 수 있기 때문이에요. 또 다른 사람들의 멋진 모습만 보고 자신과 비교해 자존감이 낮아지는 문제도 생길 수 있어요.

## 미성년자의 SNS가 금지된 나라

많은 SNS가 가입 연령을 제한하지만 나이를 속여 **허위**로 가입하는 어린이들이 있어요. 그래서 최근 미국의 일부 주에서는 14세 미만 어린이의 SNS 가입을 금지하는 법을 만들기도 했어요. SNS를 통해 괴롭힘을 당하는 일이 늘어나면서, 우리나라에서도 미성년자에게 SNS 사용을 제한하자는 의견이 나오고 있어요. SNS를 사용할 때는 나이에 맞는 규칙을 지키고, 안전하게 사용하는 것이 중요해요.

## 어휘 퀴즈

범인이 말한 모든 것은 □□였음이 밝혀졌다.

진실이 아닌 것을 진실인 것처럼 꾸민 것을 말해요.

## 상식 더하기

**짧은 영상은 팝콘 브레인을 만들어!**

요즘 1분 이하의 짧은 영상인 '숏폼'이 인기를 끌고 있어요. 하지만 짧은 영상을 너무 자주 보면 뇌가 빠르고 강한 자극에만 반응하는 '팝콘 브레인'이 될 수 있지요. 팝콘 브레인은 팝콘이 터질 때처럼 뇌가 크고 강한 자극에만 반응하기 때문에 인내심이 필요한 일을 하기 힘들어질 수도 있어요. 또한 영상을 너무 많이 보면 스마트폰에 중독될 수 있으니 주의해야 해요.

## 상식툰

정답 허위

# 95 우리나라 말고 한글을 쓰는 나라가 있다고?

한글은 세종 대왕께서 만든 우리 고유의 글자예요. 그런데 다른 나라에서도 한글을 쓰고 있다는 사실, 알고 있었나요?

## 한글을 쓰는 나라

인도네시아는 많은 섬으로 이루어진 나라예요. 섬마다 소수 민족들이 자신들만의 언어와 문화를 가지고 있어요. 그중 부톤섬에 사는 찌아찌아족은 언어는 있지만 그 언어를 표현할 글자가 없어서 불편했어요. 찌아찌아족은 알파벳이나 로마자를 사용해 보려 했지만, 그 글자들로는 자신의 언어를 정확하게 표현하기 어려웠어요. 그러다 2009년부터 다양한 소리를 정확하게 표현할 수 있는 과학적인 글자 한글을 사용하게 되었어요. 한글은 소리 나는 대로 글자를 만들 수 있어 쉽게 배우고 쓸 수 있어요. 그래서 지금은 찌아찌아족이 사는 바우바우시에서 한글로 된 간판을 쉽게 볼 수 있고, 학교에서도 한글로 된 교과서를 사용하고 있답니다.

## 세계로 퍼져 나가는 한글

한글로 자기 나라의 언어를 표기하는 것은 아니지만, 한국어를 제2외국어 과목으로 **채택**하는 나라들도 늘고 있어요. 교육부에 따르면 약 30개국의 학교에서 한국어를 제2외국어로 지정했대요. 이렇게 과학적인 한글과 한국어가 앞으로도 더 많은 곳에서 주목받고 널리 퍼져 나가길 기대해요.

## 어휘 퀴즈

학급 회의에서 나의 의견이 □□되었다.

작품이나 의견, 제도를 골라서 다루거나 뽑아서 쓰는 것을 말해요.

## 상식 더하기

### 주시경 선생님과 한글

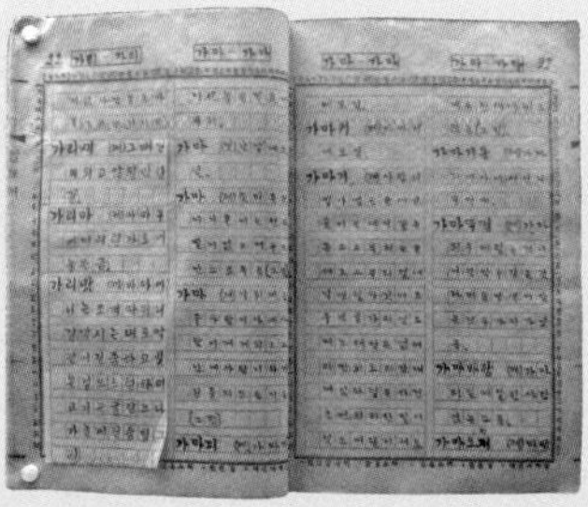

조선의 4대 왕 세종 대왕은 백성을 위해 훈민정음을 만들었어요. 훈민정음은 일제강점기부터 '한글'이라고 불리게 되었는데, 이는 주시경 선생님을 비롯한 한글 학자들이 '큰 글'이라는 뜻으로 붙인 이름이에요. 주시경 선생님은 한글 교과서를 만들고 국어의 문법을 정리했어요. 또 최초의 국어사전인 '말모이'를 편찬하여 한글을 지키고 널리 퍼뜨리는 데 힘썼어요. 그의 노력 덕분에 한글이 잘 지켜지고 널리 사용될 수 있었답니다.

## OX 퀴즈

이번 글을 읽고 알게 된 내용입니다. 사실인 것에 ○, 사실이 아닌 것에 × 하세요.

1. 세종 대왕께서 만든 한글은 전 세계에서 우리나라만 사용하고 있다. □
2. 찌아찌아족은 언어는 있지만 표현할 글자가 없었다. □
3. 한국어를 제2외국어 과목으로 채택하는 나라가 늘어나고 있다. □

정답 채택 | X, O, O

# 96 운동선수들이 높은 연봉을 받는 이유는 무엇일까?

운동선수들은 같은 팀에서 같이 경기를 해도 저마다 **연봉**이 달라요. 어떤 경우에는 한 팀 안에서도 선수들 연봉이 100배 이상 차이가 나기도 해요. 왜 그럴까요?

## 스타 선수의 힘

운동선수에게 연봉을 주는 구단은 경기를 열고, 티켓을 판매하거나 선수들과 관련된 기념품이나 물건 등을 팔아서 수익을 올려요. 팬들이 경기를 많이 보러 오고, 기념품을 많이 살수록 많은 돈을 벌 수 있는 것이죠. 그런데 팬들은 실력이 뛰어나고 유명한 '스타 선수'가 뛰는 경기를 더 보고 싶어 해요. 그래서 스타 선수가 뛰는 경기의 티켓이 더 많이 팔리고, 그 선수의 유니폼 같은 기념품이 더 많이 팔리지요. 따라서 스타 선수에게 더 높은 연봉을 주는 거예요.

## 슈퍼스타 경제학

이렇게 특정 분야에서 몇몇 사람이 압도적인 소득을 얻는 현상을 '슈퍼스타 경제학'이라고 해요. 운동선수뿐 아니라 연예인도 마찬가지예요. 사람들은 무명 가수 여러 명의 공연보다 아주 유명한 가수 한 명의 공연을 더 보고 싶어 해요. 유명한 사람은 적고, 그들을 보고 싶어 하는 사람은 아주 많으니, 수요가 공급보다 많으면 가격이 올라가는 것처럼 슈퍼스타의 몸값이 올라가는 거예요.

## 어휘 퀴즈

열심히 일했더니 매년 □□이 오르고 있다.

일터에서 한 해 동안 받는 돈을 말해요.

## 상식 더하기

### 인플루언서란?

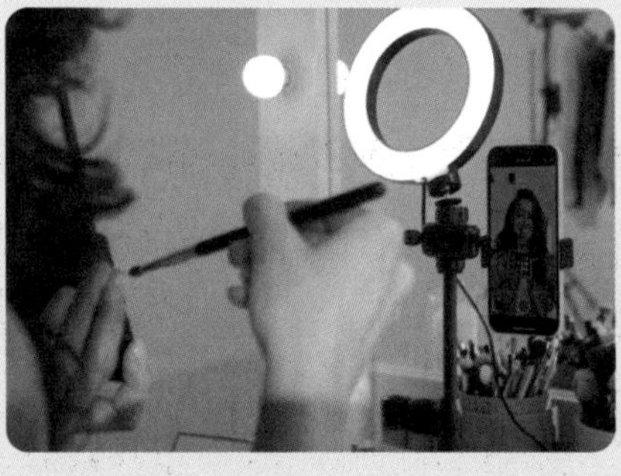

연예인이나 스타 운동선수가 되면 유명해지고 큰 수익을 낼 수 있어요. 요즘은 인터넷과 SNS가 발달하면서 팔로워가 많은 인플루언서도 큰 수익을 올리고 있지요. '인플루언서'란 다른 사람들에게 영향력을 끼치는 사람을 말해요. 영어 단어 'influence(영향을 주다)'에 사람을 뜻하는 접미사 '-er'을 붙여 '영향을 주는 사람'이라는 뜻이 되었어요. 예를 들어, 인스타그램이나 유튜브에서 많은 팔로워(구독자)를 가진 사람이나 파워 블로거 등을 말해요. 이런 사람들은 인기가 높아질수록 수익도 함께 늘어나요.

## 난센스 퀴즈

깨뜨리고 칭찬받는 것은?

정답 연봉 | 신기록

문화 상식 자연 과학 사회

# 97 블록버스터 영화란?

"올여름을 강타할 블록버스터 영화!"
영화관에 가면 새로 개봉할 영화를 홍보하는 문구들을 볼 수 있어요. 그 가운데 자주 등장하는 '블록버스터'라는 단어는 무슨 뜻일까요?

## 블록버스터 영화

블록버스터 영화는 일반 영화보다 훨씬 많은 제작비를 들여 만든 영화를 말해요. 이 단어는 원래 영국 공군이 사용한 폭탄의 이름에서 유래했어요. 그 폭탄은 한 구역(블록)을 완전히 파괴할(버스터) 정도로 **파급력**이 강력했어요. 영화에서는 엄청난 비용을 투자한 영화를 '블록버스터'라고 부르게 되었지요. 이런 영화는 폭탄처럼 파급력이 크고 성공을 거둘 것 같지만, 투자비가 많다고 해서 항상 성공하는 건 아니에요.

## 영화 성공의 기준, 손익분기점

영화의 성공은 손익분기점이라는 기준으로 판단해요. '손익분기점'이란 영화를 만들 때 들어간 돈과 영화로 벌어들인 돈이 같아지는 지점을 말해요. 영화 제작자는 손익분기점을 넘겨야 돈을 벌게 되는 거예요. 그런데 블록버스터 영화는 투자금이 크기 때문에 손익분기점도 높아요. 투자금을 거두어들이기 위해 광고에도 큰돈을 쓰게 되지요. 생각만큼 큰 성공을 하지 못하면 손익분기점을 넘기지 못해 오히려 손해를 볼 수 있어요.

## 어휘 퀴즈

일본 만화가 우리 문화에 가져온 □□□은 엄청나다.

어떤 일의 여파나 영향이 차차 다른 데로 미치는 힘을 말해요.

## 상식 더하기

### 저예산 영화

'저예산 영화'란 유명한 배우와 넉넉한 예산으로 찍는 블록버스터 영화와 달리 무명 배우와 적은 예산으로 만든 영화를 말해요. 유명 배우나 비싼 장비, 특수 효과, 홍보의 힘을 빌릴 수 없기 때문에 순수하게 영화 내용으로 승부해야 하지요. 저예산 영화 중에서도 잘 만들어진 작품들은 관람객들의 입소문을 타고 흥행에 성공하기도 해요.

## 난센스 퀴즈

많은 사람들이 좋아하는 영화는?

정답 파급력 | 부귀영화(재산이 많고 지위가 높아서 호화롭게 사는 것을 '부귀영화'라고 해요.)

# 98 어버이날에 카네이션을 선물하는 이유는?

'낳으실 제 괴로움 다 잊으시고 기르실 제 밤낮으로 애쓰는 마음…'

이 노래는 부모님의 사랑을 표현한 노래예요. 매년 5월 8일은 어버이날이에요. 낳아 주시고 길러 주신 부모님께 감사하는 날이지요. 이날은 부모님께 카네이션을 드리며 감사와 사랑을 표현해요.

## 어버이날의 유래

어버이날에 부모님께 카네이션을 드리는 것은 미국의 '어머니의 날'에서 시작되었어요. 미국의 안나 자비스라는 여성이 어머니를 사랑하고 존경하는 마음으로, 어머니가 돌아가신 후 매년 어머니가 좋아하셨던 카네이션을 주변 사람들에게 나눠 주었어요. 안나는 어머니께 감사하는 날이 필요하다고 생각해 어머니의 날을 만들기 위해 노력했어요. 그 결과 1914년 미국에서 어머니의 날이 생겼고, 카네이션을 드리는 전통도 시작되었어요. 우리나라의 어버이날도 미국의 어머니의 날로부터 **유래**되어 부모님께 카네이션을 드리는 풍습이 생긴 거예요.

## 아버지의 날

그렇다면 미국에서는 어머니께만 감사를 표현할까요? 우리나라의 어버이날은 부모님 모두를 위한 날이에요. 하지만 미국에는 어머니의 날과 아버지의 날이 따로 있어요. 어머니의 날은 5월 둘째 주 일요일, 아버지의 날은 6월 셋째 주 일요일이지요.

## 어휘 퀴즈

추석의 □□는 신라 시대로 거슬러 올라간다.

사물이나 일이 생겨나는 것을 뜻해요.

## 상식 더하기

**스승의 날은 왜 5월 15일일까?**

선생님은 부모님만큼 우리들의 성장을 위해 노력해 주시는 분이에요. 그래서 해마다 선생님의 은혜에 감사를 표현하는 날이 있어요. 바로 5월 15일 '스승의 날'이지요. 원래 스승의 날은 5월 26일이었는데, 한글을 만들고 가르친 큰 스승, 세종 대왕의 생일인 5월 15일로 바뀌었어요. 세종 대왕처럼 선생님의 은혜를 기억하자는 뜻이에요.

## 다른 그림 찾기

두 그림에서 서로 다른 5곳을 찾아보세요.

정답 유래 | 212쪽 그림 참고

# 99 종이책에서 전자책, 오디오 북으로

독서 하면 보통 종이책을 넘기는 모습이 떠올라요. 하지만 요즘에는 종이책보다 전자책을, 읽는 책보다 듣는 책을 좋아하는 사람들이 점점 늘고 있어요. IT 기술의 발전으로 책의 모습이 어떻게 진화하고 있는지 알아볼까요?

## 종이책의 단점을 보완한 전자책

전자책은 종이로 된 책이 아니라 전자기기로 읽는 책이에요. 무겁고 자리를 많이 차지하는 종이책과 달리 전자책은 가볍고 쉽게 보관할 수 있는 게 가장 큰 장점이에요. 또 서점에 가거나 배송을 기다리지 않고 원하는 책을 구입해 바로 읽을 수 있어서 편리해요. 게다가 전자책은 종이책보다 가격이 저렴한 경우가 많아서 점점 많은 사람들이 선택하고 있어요.

## 바쁜 현대인들의 선택, 오디오 북

전자책보다 더 편리한 오디오 북도 있어요. 많은 사람들이 책을 읽는 것이 좋다는 것을 알고 있지만, 바쁜 현대인들은 책을 읽을 시간이 부족해요. 그런데 누군가 책을 읽어 주면 어떨까요? 종이책이나 전자책을 읽을 때는 다른 일을 동시에 하기 어렵지만, 오디오 북은 귀로 듣기 때문에 **멀티태스킹**이 가능해요. 출근할 때 운전하면서, 집안일을 하면서, 또는 잠잘 때 누워서도 오디오 북을 들을 수 있죠. 그래서 요즘 많은 사람들이 종이책을 읽는 대신 오디오 북을 이용하고 있어요. 실제로 오디오 북은 출판 시장에서 성장이 두드러진 분야 중 하나랍니다.

## 어휘 퀴즈

한 가지 일에 집중하는 것보다 □□□□□을 하는 것은 힘들다.

동시에 하나 이상의 일을 처리하는 것을 말해요.

## 상식 더하기

### 웹툰이란?

'웹툰'은 인터넷 웹(web)과 만화(cartoon)가 합쳐진 말로, 인터넷에서 연재되는 만화를 말해요. 인터넷이 발달하면서 종이로 된 만화책 대신 PC나 모바일로 보는 만화가 웹툰으로 발전했어요. 웹툰은 누구나 그려서 공개하거나 연재할 수 있기 때문에, 다양하고 기발한 스토리가 많아요. 많은 웹툰이 인기를 끌며 드라마나 영화로 만들어지기도 하면서 웹툰 시장은 점점 더 커지고 있어요.

## OX 퀴즈

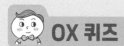

이번 글을 읽고 알게 된 내용입니다. 사실인 것에 ○, 사실이 아닌 것에 × 하세요.

1. 전자책은 휴대가 간편하고 보관이 쉽다. □
2. 전자책은 종이책보다 비싼 것이 단점이다. □
3. 오디오 북은 들으면서 다른 일을 동시에 할 수 있다는 장점이 있다. □

정답 멀티태스킹 | O, X, O

# 100 영화관이 사라진다고?

## OTT에 밀린 영화관, 다시 돌아올 수 있을까?

1990년대까지만 해도 영화관은 사람들이 많이 찾는 문화의 중심지로 여겨졌다. 주말에는 항상 붐볐고, 예약을 해야만 영화를 볼 수 있었다. 하지만 요즘은 극장을 찾는 관객의 발길이 뜸해지고 있다. 해마다 관객 수가 감소하며 특히 지방의 영화관들은 운영이 어려워지고 있다.

### 집에서도 쉽게 볼 수 있는 영화

영화관에 가는 사람들이 줄어든 가장 큰 이유는 OTT(Over the top) 서비스의 증가 때문이라고 할 수 있다. OTT란 넷플릭스, 티빙, 디즈니플러스 등과 같이 인터넷을 통해 언제든 영화를 볼 수 있는 동영상 스트리밍 서비스를 말한다. 새로 나온 영화뿐 아니라 다양한 콘텐츠를 집에서 쉽고 편리하게 볼 수 있게 된 것이다. 또 텔레비전이나 컴퓨터의 성능과 화질이 좋아지면서 영화관의 큰 스크린이 필요하지 않다는 사람도 많아졌다.

### 영화관의 노력

영화관의 티켓 가격이 비싸진 것도 영화관에 가지 않는 이유가 되었다. 팝콘에 음료까지 사면 두 사람이 영화를 보는 데 3~4만 원이 훌쩍 넘기 때문이다. 그래서 영화관들은 더 편안한 좌석을 제공하거나, 인기 가수의 콘서트나 스포츠 경기 같은 새로운 콘텐츠를 상영하면서 다시 관객을 모으기 위해 노력하고 있다. 이런 노력들이 영화관에 활기를 불어넣을 수 있을지 **귀추**가 주목된다.

## 어휘 퀴즈

이번 선거에서 누가 당선될지 □□가 주목된다.

일이 되어 가는 형편을 뜻하는 말이에요.

## 상식 더하기

**조조할인**

이른 아침에 영화관이나 교통비를 할인해 주는 것을 '조조할인'이라고 해요. 오전 시간에는 이용하는 사람이 적기 때문에 더 많은 사람들이 이용하게 하려는 것이지요. 보통 영화관에서는 첫 상영 시간에 30% 정도의 할인을 받을 수 있어요. 수도권에서는 오전 6시 30분 이전에 버스나 지하철 등의 대중교통을 이용하면 정상 요금에서 20% 할인된 요금으로 이용할 수 있어요.

## OX 퀴즈

이번 글을 읽고 알게 된 내용입니다. 사실인 것에 ○, 사실이 아닌 것에 × 하세요.

1. 지방은 도시보다 영화 관객 수가 늘어나고 있어요. □
2. 영화 관객 수가 줄어드는 가장 큰 원인은 다양한 OTT가 늘어나고 있기 때문이에요. □
3. 영화관은 최근 가격을 낮추어 관객을 늘리는 전략을 펴고 있어요. □

정답 귀추 | X, O, X

# 교과 연계표 • 과학

| | | |
|---|---|---|
| 동물의 생활 | 24 | 달걀을 품으면 병아리가 태어날까? |
| | 25 | 지렁이는 비가 오면 왜 기어 나올까? |
| | 28 | 상어와 고래는 어떻게 다를까? |
| | 46 | 사막여우와 북극여우의 귀는 왜 다를까? |
| 생물의 한살이 | 26 | 씨 없는 수박은 어떻게 자랄까? |
| | 27 | 하루살이는 정말 하루만 살까? |
| 밤하늘 관찰 | 52 | 오로라는 왜 생길까? |
| | 54 | 달의 모양은 왜 날마다 변할까? |
| | 55 | 인공위성은 무슨 일을 할까? |
| | 56 | 블랙홀이란 무엇일까? |
| | 57 | 우주에도 쓰레기가 있다고? |
| | 59 | 달로 이사 갈 수 있을까? |
| 생물과 환경 | 07 | 세상에서 가장 큰 동물은? |
| | 08 | 세상에서 가장 똑똑한 동물은? |
| | 21 | 꿀벌이 멸종하면 인간도 멸종한다? |
| | 22 | 아보카도가 환경 파괴범? |
| | 23 | 육류 소비도 문제다! |
| 여러 가지 기체 | 49 | 과자 봉지에 왜 질소를 넣을까? |
| | 50 | 헬륨 가스를 마시면 왜 목소리가 바뀔까? |
| 기후변화와 우리 생활 | 30 | 점점 사라지는 나라가 있다? |
| 빛의 성질 | 45 | 무지개는 왜 일곱 색일까? |
| | 60 | 물은 투명한데 바닷물이 파란 이유는? |
| 우리 몸의 구조와 기능 | 33 | 지문은 정말 다 다를까? |
| | 34 | 감기 걸리면 왜 열이 날까? |
| | 35 | 사람의 피는 왜 빨간색일까? |
| | 36 | 좋아하는 사람을 보면 왜 심장이 뛸까? |
| | 37 | 코가 막히면 왜 맛을 못느낄까? |
| | 38 | 방귀와 트림은 왜 나올까? |
| | 39 | 예방주사를 맞으면 병에 걸리지 않을까? |
| | 40 | 비행기를 타면 왜 귀가 먹먹해질까? |
| 다양한 생물과 우리 생활 | 29 | 버섯은 식물이 아니라고? |
| 자원과 에너지 | 31 | 물티슈가 플라스틱이라고? |
| | 32 | 재활용이 안 되는 플라스틱이 있다고? |
| 날씨와 우리 생활 | 41 | 태풍의 이름은 어떻게 지을까? |
| | 42 | 구름은 어떻게 하늘에 떠 있을까? |
| | 43 | 눈은 왜 흰색일까? |
| | 44 | 번개가 친 다음에 천둥이 치는 이유는? |
| | 48 | 차가운 컵에는 왜 물방울이 맺힐까? |
| 지구와 달의 운동 | 47 | 2월은 왜 4년에 한 번 29일까지 있을까? |
| | 53 | 계절마다 별자리가 달라지는 이유는? |
| 과학과 나의 진로 | 03 | 세계 최초의 우주인은? |
| | 09 | 세계 최초의 로봇은? |
| | 51 | AI가 만든 그림의 저작권은 누구에게 있을까? |
| | 58 | AI와 친구가 될 수 있을까? |

# 교과 연계표 • 사회

| | | |
|---|---|---|
| 옛날과 오늘날의 생활 모습 | 05 | 세계 최초의 자동차는? |
| | 14 | 세계 최초로 세계 일주를 한 사람은? |
| | 15 | 세계 최초의 책은? |
| 우리 지역의 문화 유산 | 83 | 오페라와 뮤지컬, 어떻게 다를까? |
| 유적과 유물로 살펴본 옛 사람들의 생활 | 82 | 대영박물관이 무료인 이유는? |
| | 92 | 인류의 소중한 유산, 함께 지켜요 |
| 경제 활동과 지역 간 교류 | 79 | 팝업 스토어란 무엇일까? |
| | 80 | 사람들이 해외 직구를 하는 이유는? |
| | 86 | 빌보드 차트란 무엇일까? |
| | 95 | 우리나라 말고 한글을 쓰는 나라가 있다고? |
| | 96 | 운동선수들이 높은 연봉을 받는 이유는 무엇일까? |
| | 97 | 블록버스터 영화란? |
| 다양한 환경과 삶의 모습 | 04 | 세계에서 가장 높은 빌딩은? |
| | 13 | 세계에서 가장 비싼 음식은? |
| | 69 | 여름에 시간이 바뀐다고? |
| | 72 | 디지털 노마드의 시대, 내가 있는 곳이 곧 일터! |
| 법과 인권의 보장 | 76 | 인터넷에서 나쁜 말을 하면 경찰에 잡혀갈까? |
| | 77 | 가짜 뉴스란 뭘까? |
| 달라지는 시대, 변화하는 생활 모습 | 75 | 우리 학교가 없어진다고? |
| | 78 | 사라지는 직업 vs 새로 생긴 직업 |
| | 81 | 여자는 마라톤을 뛰지 못했다고? |
| | 93 | 성장하는 아이돌 굿즈 시장 |
| | 94 | 아이들은 SNS를 못 할까? |
| | 99 | 종이책에서 전자책, 오디오 북으로 |
| | 100 | 영화관이 사라진다고? |
| 세계의 자연환경 | 01 | 세계에서 가장 긴 강은 어디? |
| | 02 | 세계에서 가장 작은 나라는? |
| | 06 | 세계에서 가장 오래된 나무는? |
| | 11 | 세상에서 가장 높은 산은? |
| | 12 | 상에서 가장 깊은 바다는? |
| 시장경제와 국가 간 거래 | 61 | 전쟁이 나면 왜 금 값이 오를까? |
| | 62 | 물가는 왜 해마다 오를까? |
| | 64 | 은행에 맡긴 돈은 안전할까? |
| | 65 | 잘사는 나라를 구분하는 기준은? |
| | 67 | 비트코인이 뭘까? |
| | 70 | 신용카드의 원리는 무엇일까? |
| | 71 | 경제를 움직이는 손이 있다고? |
| | 73 | 우리나라 돈과 다른 나라 돈의 가치가 같을까? |
| | 74 | 용돈으로 주식을 살까, 예금을 할까? |
| 지구촌 사람들 | 10 | 세계에서 가장 많이 쓰이는 언어는? |
| | 16 | 세계 최초의 올림픽은? |
| | 17 | 세계에서 가장 비싼 그림은? |
| | 18 | 세계 최고의 부자는? |
| | 19 | 세계에서 가장 행복한 나라는? |
| | 20 | 세계 최고의 부자 나라는? |
| | 63 | UN(유엔)에서는 어떤 일을 할까? |

# 정답

## 33쪽

## 51쪽

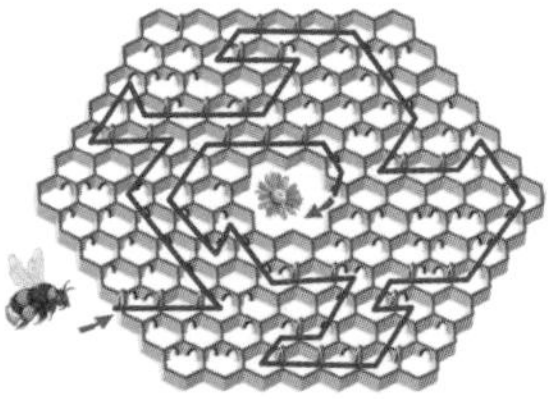

## 75쪽

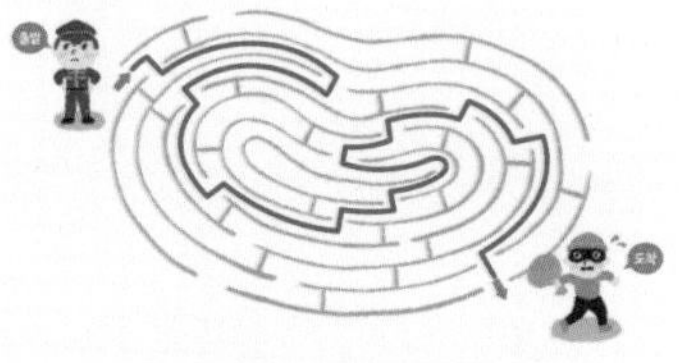


## 89쪽

## 99쪽

## 125쪽

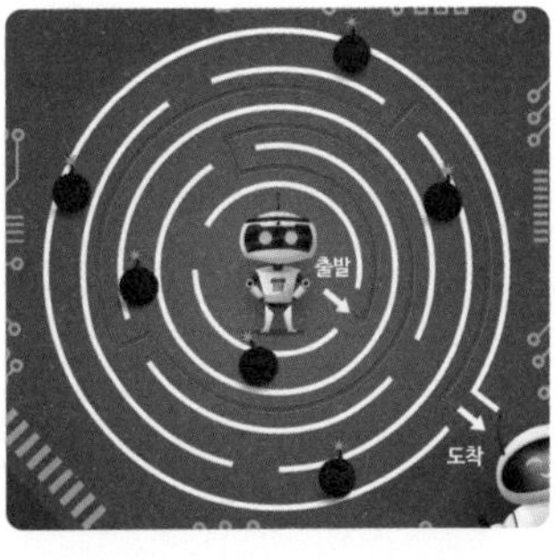


## 133쪽

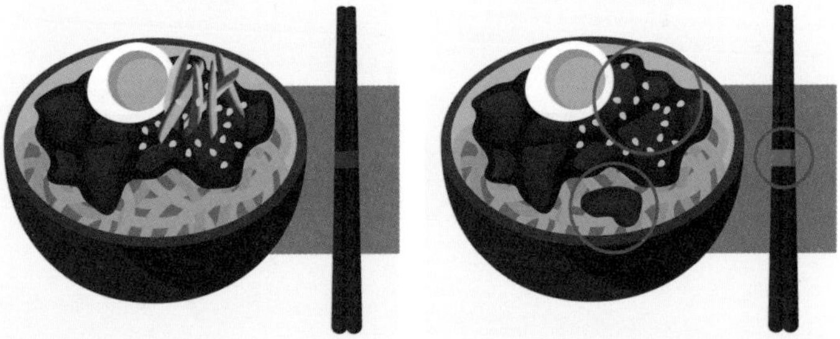

## 169쪽

## 205쪽